図解で
かんたん

養護教諭
のための

保健室
ICT入門

公立小学校養護教諭
キジ［著］

明治図書

PREFACE

はじめに

　私たち養護教諭は日々，子供たちと接する中で様々な課題に直面しています。その中でも，日々の業務の効率化は重要な課題の１つです。

　この本は，そうした課題に対処するために，ICT の活用方法を紹介しています。

　ICT を上手に活用することで，保健室業務はスムーズになり，子供たちへの新しいアプローチの方法も生まれます。

　しかし，パソコンを含む ICT 機器を使うことに苦手意識をもつ方もいらっしゃるかもしれません。そういった方々も，この本を読めば ICT の基本から応用まで，ステップバイステップで理解できるようになっています。ページをめくるだけで，やり方が自然と頭に浮かんでくるはずです。

　第１章では，欠席連絡や健康観察，水質検査などの日常的な業務の効率化について説明しています。調査やアンケート結果の集約なども取り上げています。

　第２章では，デジタルサイネージ（タブレットなどの電子機器を使った情報発信のシステム，電子看板など）を使ったミニ保健教育や尿検査のお知らせ，それぞれの検診の待ち時間の表示など，健康診断の効率化に焦点を当てています。

　第３章では，授業の教材準備から導入，復習，遠隔授業など，保健教育における ICT の活用方法について解説しています。

第4章では，保健委員会の運営や校務分掌における ICT の利用方法を紹介しています。オリジナルイラストの生成，スクールカウンセラーとのオンラインカウンセリングの設定，発表スライドの作成なども含まれています。

　第5章では，季節ごとの学校行事や健康関連イベントでの ICT の活用を紹介しています。WBGT（暑さ指数）のデジタル表示や体育着のレンタル状況の管理・発信，宿泊行事での看護師との記録の共有などを取り上げています。

　最後に，この本を手に取ったすべての養護教諭の皆様が，ICT を活用して業務の効率化を図り，子供たちの健康と安全を守るための一助となることを願っています。

　ぜひ，この本を通じて，保健室業務の新たな可能性を見つけていただければと思います。

2024年5月

キジ

本書で主に活用する ICT

Google サイト ™　Google Classroom　Google フォーム　Google Meet™　Google スライド ™　Google スプレッドシート ™　Google Chrome™ ブラウザ　YouTube™　iMovie　Padlet　Kahoot!　ChatGPT

CONTENTS

もくじ

Chapter 1

—

保健室経営
×
ICT

ルーティン

来室対応

保健だより

Chapter 4

—

保健委員会・校務分掌 × ICT

保健委員会

その他の分掌

Chapter 5

季節・学校行事 × ICT

付録

保健室で過ごす子供との関係づくり裏ワザ集

Chapter 0

本書で活用する
ICT

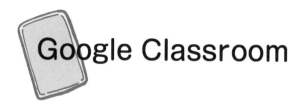

Google Classroom

Google Classroomとは ??

・ネット上の教室みたいなイメージ（LINE のグループにも似ている）。
・子供たちに課題を配ったり，提出したりすることができる。
・保健委員会での活用がおすすめ。
・Classroom での共有は，子供たちにとってとてもシンプルでわかり
  やすい。

STEP 1 Google Classroom を開く

　Google の HP の右上にある Google アプリアイコンから Classroom を開きます。学校用のメールアドレス等で登録・ログインします。

STEP 2 右上の「＋」からクラスを作成する

　右上の「＋」を選択します。「クラスに参加」と「クラスを作成」が表示されますので，「クラスを作成」を選択します。クラスの情報の入力が求められますが，クラス名の入力だけでも問題ありません。

STEP 3 クラスコードを共有する

　クラスを作成するとクラスコードが割り当てられます。クラスに参加するためのパスワードのようなものです。このコードをクラスに参加してほしい人に共有しましょう。

ICT紹介

STEP1 Google Classroomを開く

Google

ドキュメ... フォーム スライド

スプレッ... Jamboard Classroom

Google Classroom

Meet Earth Keep

保存済み Finance Blogger

STEP2 右上の「+」からクラスを作成する

保健委員会 保健室

長地真 校長室 4年1組
クラスルーム

＋

クラスに参加

クラスを作成

STEP3 クラスコードを共有する

クラスコード
ABCDEF

先生側

＋
クラスに参加
クラスを作成

子供側

4年1組
クラスルーム

カスタマイズ

Meet
参加

クラスコード
ABCDEF

7日（火）5時間目

Google フォーム

Google フォームとは ??

- アンケートでよく使われている。
- 回答をスプレッドシート（Excel みたいなもの）で表示すると結果の集約やグラフの作成を一瞬で行えるため，時短になる。
- 水質検査の結果の記録，在庫管理，来室記録などで活用できる。

STEP 1 Google フォームを開く

Google の HP の右上にある Google アプリアイコンからフォームを開きます。学校用のメールアドレス等で登録・ログインします。

STEP 2 タイトル，質問，選択肢を入力する

「空白のフォーム」を選び，「無題のフォーム」にタイトルを，「無題の質問」に質問を入れ，選択肢を入力します。複数回答の場合は「チェックボックス」を，単一回答の場合は「ラジオボタン」もしくは「プルダウン」を選択します。

STEP 3 Google Classroom やメールで共有する

Classroom の場合は「クラスへの連絡事項を入力」に，メールの場合は本文にフォームのリンクをコピー＆ペーストして共有します。リンクは右上の「送信」を選択し，送信方法から「リンク」を選んでコピーします。集約された結果は「回答」から見られます。

カラー版は QR コードから

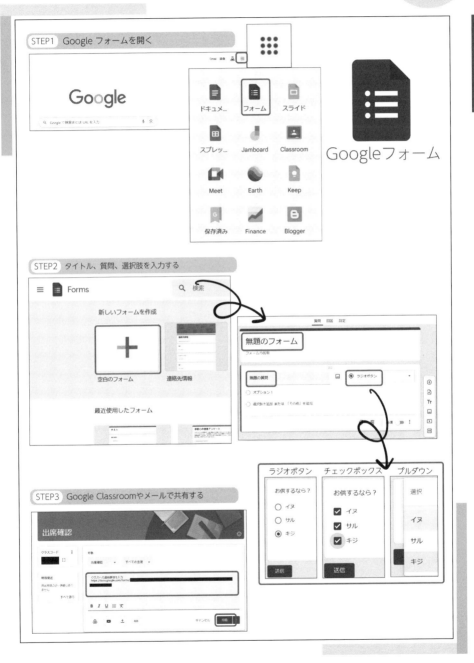

STEP1 Google フォームを開く

Googleフォーム

STEP2 タイトル、質問、選択肢を入力する

STEP3 Google Classroomやメールで共有する

Google Meet

Google Meetとは⁇

- ・オンライン会議でよく使われている（Zoomと同じようなもの）。
- ・画面上で資料を共有したり，リアクションを表現したりできる。
- ・学校に来られない子供への学習指導やカウンセリングにも使える。

STEP 1 Google Meet を開く

　Google の HP の右上にある Google アプリアイコンから Meet を開きます。学校用のメールアドレス等で登録・ログインします。

STEP 2 オンライン会議を開始する

　開始方法は2つあります。1つは Meet で「新しい会議を作成」→「会議を今すぐ開始」の順に選択し，始める方法です。もう1つは先に Classroom を作成し，右上の「クラスの設定」にある「Meet のリンクを生成」をクリックすると左側に表示される左側の Meet から始める方法です。繋がる相手がわかりやすいため後者の方が使いやすいと思います。

STEP 3 オンライン会議に参加する

　Classroom から参加する場合は左側にある Meet の「参加」をクリックします。Meet から参加する場合は会議コードまたはリンクを入力します。マイクやカメラのオン・オフを設定したり，画面を共有したりすることができます。チャット機能も使うことができます。

Google スライド

Google スライドとは？？

- ・発表やプレゼンに使われている（PowerPoint に似ている）。
- ・共同編集に向いており，まとめるだけでなく，意見出しにも使える。
- ・保健委員会の初回に活動を紹介する時や常時活動にも使える。

STEP 1 Google スライドを開く

Google の HP の右上にある Google アプリアイコンからスライドを開きます。学校用のメールアドレス等で登録・ログインします。

STEP 2 Google スライドを共有する（共同編集作業をする場合）

右上の「共有」から「一般的なアクセス」を「リンクを知っている全員」に，「役割」を「編集者」に変更し，「リンクをコピー」をクリックします。Classroom でスライドのリンクを共有します（やり方は p.12参照）。共同編集中，誤ってスライドを削除してしまう子供もいるため，事前に１つ前の状態に戻すことができる「Ctrl ＋ Z」のショートカットキーを教えておきます。

STEP 3 発表をする

スライドショーを選択します。デジタルサイネージとして流す時など，繰り返し再生したい場合は，左下にある「：」から「自動再生」→「ループ再生」の順に選択します。

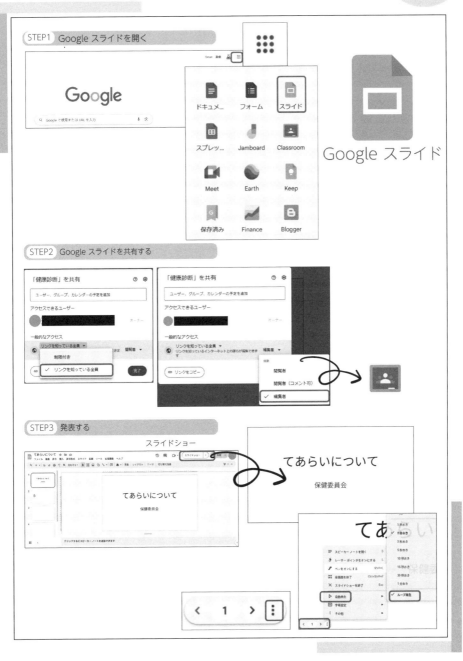

STEP1　Google スライドを開く

STEP2　Google スライドを共有する

STEP3　発表する

ICT紹介

iMovie

iMovieとは ??

- Apple 製品で利用できる動画編集アプリ。
- 動画を取り込むだけで曲の挿入なども含め，ある程度 iMovie が動画を編集してくれる。
- 保健委員会の発表を動画配信形式で行うと時短に繋がる。

STEP 1 iPad や iPhone にある iMovie アプリを開く

iMovie アプリを開きます。学校用のメールアドレス等で登録・ログインします。

STEP 2 ムービーを作成する

「新規プロジェクトを開始」から「ムービー」を選択します。次に「ビデオ」から撮った動画を選択します。動画は複数選択することができます。最後に「ムービーを作成」を選択します。「＋」から曲やサムネイル画像を入れることもできます。

STEP 3 YouTube の限定公開で共有する

「共有」のアイコンの「書き出しと共有」から「ビデオを保存」を選択します。YouTube の限定公開で共有し，リンクを Classroom で共有します（やり方は p.12参照）。YouTube の限定公開が難しい場合，iMovie をそのまま使うこともできます。

STEP1 iPadやiPhoneにあるiMovieアプリを開く

STEP2 ムービーを作成する

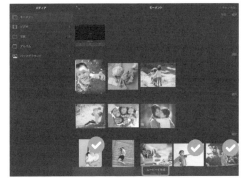

好きな動画・画像を入れると
iMovieがある程度自動で動画を
調整してくれる。

STEP3 YouTube の限定公開で共有する

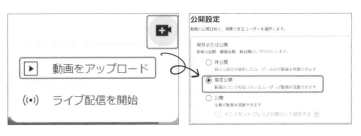

▶ 動画をアップロード

((•)) ライブ配信を開始

公開設定
動画の公開日時と、視聴できるユーザーを選択します。

保存または公開
動画は公開、限定公開、非公開のいずれかにします。

○ 非公開
自分と自分が選択したユーザーのみが動画を視聴できます

● 限定公開
動画のリンクを知っているユーザーが動画を視聴できます

○ 公開
全員が動画を視聴できます

□ インスタントプレミア公開として設定する ⑦

共有

Padlet

Padletとは ??

- シンプルなオンライン掲示板。
- 保健の授業等で手を挙げずに意見出しや質問出しをすることができる。
- 匿名性が保たれ，記載した内容を議事録にまとめることができる。

STEP 1 Padlet を開く

インターネットで「Padlet」と検索し，学校用のメールアドレス等で登録・ログインします。

STEP 2 Padlet を作成する

「Padlet を作成」→「白紙のボード」の順に選択し，フォーマットは「ウォール」，セクションは「オン（シェルフ）」を選び「完了」を選択します。セクション名にはテーマを入れます。複数のテーマを扱う際はセクションを追加します。セクションの下の「＋」から質問や意見を出します。

STEP 3 Google Classroom やメールで共有する

Classroom もしくはメールでリンクを共有します（やり方はp.12参照）。授業終了後，出された質問や意見をまとめたい時は，「Padlet のその他のアクション（「…」のマーク）」→「共有」→「PDF としてエクスポート」→「配布資料」の順に選択します。ページサイズを「Ａ４」にして「生成」をクリックします。次回の保健の授業の導入時などに復習として使うと効果的です。

STEP1　Padletを開く

Padlet

ログイン

おかえりなさい！お元気でしたか？

- Googleアカウントでログイン
- Microsoftでログイン
- Appleでログイン

またはメールアドレス/ユーザー名でログイン

harrypotter@hogwarts.edu

続行

STEP2　Padletを作成する

Padletを検索　　Padletに参加　Padletを作成

最近
すべて
ブックマーク　テンプレート
アーカイブ済み
ゴミ箱に移動済み
共有済み
ギャラリー

すべて

:Padlet

エピペン研修会

食物アレルギーの種類　　　不安なこと

＋　　　　　　　　　　　＋

新規ボード

タイトル
My Padlet - 懐かしいアイデアを形に

フォーマット
ウォール　ストリーム　タイムライン
グリッド・ボード　キャンバス　マップ

セクション
オフ　オン　オンパスルフ

STEP3　Google Classroom やメールで共有する

☆ ブックマークの追加
Padletへのリンクをコピー
スライドショーを開く
最近使用したPadルダから削除
Padletをアーカ
ゴミ箱に移動

エピペン研修会　　⋮

エピペン研修会

食物アレルギーの種類　⋮

＋

えび

かに

いか

たこ

QRコードで共有すると
スマホからでも入力できる

Kahoot!

Kahoot!とは ??

- 誰かが作成したクイズを使用することができ，オリジナルクイズもつくれる。
- エピペン研修会や保健の授業の復習等でも使える。
- TBS オールスター感謝祭の４択クイズのようにクイズで盛り上がれる。

STEP 1 Kahoot! を開く

インターネットで「Kahoot!」と検索し，学校用のメールアドレス等で登録・ログインします。初期の言語設定が英語のため，日本語に変更しておくとよいでしょう。

STEP 2 クイズを選ぶ・つくる

「発見」を選択し，検索窓に行いたいクイズの情報を入力します。好きなクイズを選択します。クイズをつくる場合は，「作成」→「kahoot」→「空白のキャンバス」の順に選択し，クイズを作成します。

STEP 3 ゲーム PIN を共有する

子供たちには Classroom 等で Kahoot! のゲーム PIN を入力する画面を事前に共有しておきます。Kahoot! のゲーム PIN を共有した後，「開始」を選択しクイズをはじめます。QR コードでも共有できます。

ChatGPT

ChatGPTとは⁇

- ・質問したことやお願いしたことに答えてくれる AI。
- ・文章の添削やたたき台となる案を出す作業が得意。
- ・保健だよりの文章の作成や添削，保健目標の提案等に使える。

STEP1 ChatGPT を開く

　インターネットで「ChatGPT」と検索し，学校用のメールアドレス等で登録・ログインします。フィルタリングがかかっている場合は自治体にフィルタリングの解除を申請します。

STEP2 指示したいことを入力する

　ChatGPT の一番下の入力窓に指示したいこと（プロンプト）を入れます。例えば，添削したい文章を入れて「上の文章を添削して」と入れるとその文章が添削されます。他にも「保健目標を10個提案して」「別の案を出して」とお願いすることもできます。

STEP3 コピーして活用する

　添削した文章やたたき台となる案などはコピーして，使いたい文書に貼り付けます。正しい情報かどうかの確認は自分で行います。

ICT紹介

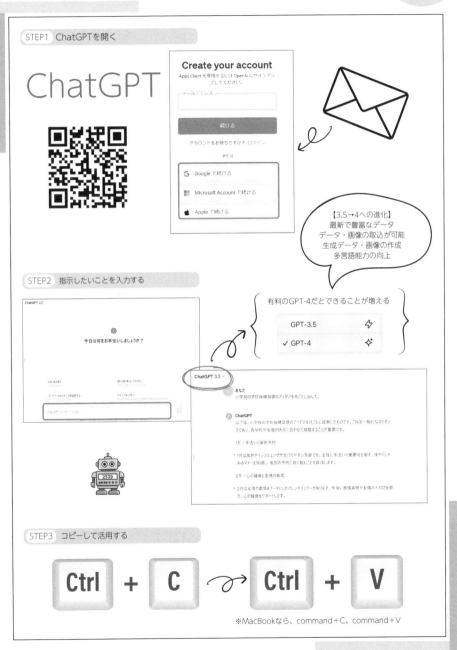

STEP1 ChatGPTを開く

Create your account
Apps Client を使用するには OpenAI にサインアップしてください。

メールアドレス

続ける

アカウントをお持ちですか? ログイン

または

G Google で続ける

■ Microsoft Account で続ける

🍎 Apple で続ける

【3.5→4への進化】
最新で豊富なデータ
データ・画像の取込が可能
生成データ・画像の作成
多言語能力の向上

STEP2 指示したいことを入力する

今日は何をお手伝いしましょうか?

有料のGPT-4だとできることが増える

GPT-3.5

✓ GPT-4

ChatGPT 3.5 ⌄

あなた
小学校の学校保健目標のアイデアを月ごとに出して。

ChatGPT
以下は、小学校の学校保健目標のアイデアを月ごとに提案したものです。これは一般的なガイダンスであり、各学校や地域の状況に合わせて調整することが重要です。

1月：手洗いと風邪予防

・1月は風邪やインフルエンザが流行りやすい季節です。生徒に手洗いの重要性を教え、咳やくしゃみのマナーを奨励し、風邪の予防に取り組むことを目指します。

2月：心の健康と友情の育成

・2月は友情や愛情をテーマにしたバレンタインデーがあります。生徒に感情表現や友情の大切さを教え、心の健康をサポートします。

STEP3 コピーして活用する

Ctrl + **C** ⟿ **Ctrl** + **V**

※MacBookなら、command+C、command+V

Canva

Canvaとは ??

- プロのデザイナーが作成したテンプレートやイラストなどが使えるデザイン作成ツール。
- テンプレートやイラストは都度の許可取りやクレジット表記をせず商用等広い範囲で使用できる。
- 教員（養護教諭も）は無料で AI 機能等の有料版機能をすべて使える。
- 保健委員会のポスターの作成やデジタルサイネージにおすすめ。

STEP 1 Canva を開く

インターネットで「Canva for Education」と検索し，学校用のメールアドレス等で登録・ログインします。教員は有料版機能をすべて無料で使えます。

STEP 2 テンプレートを選ぶ

ホーム画面から使いたいテンプレートを探します。検索窓に好きなキーワードを入力し，出てきたテンプレートから好きなものを選択します。

STEP 3 文字等を変え，素材を入れる

テンプレートが出てきたら，すでに入力されている文字等を変えます。気に入った素材（イラスト，画像，動画など）を入れることもできます。完成したら，「共有」→「ダウンロード」の順に選択し，「ファイルの種類」を選んで保存します。印刷したり，データとして使ったりできます。

ＩＣＴ紹介

カラー版は QR コードから

Canva for Education

Canva for Education とは，通常は有料のプレミアム機能を，教員や子供たちはすべて無料で使えるという "お得" なものです。通常版との大きな違いは 2 つあり，デザイナーがつくったテンプレートや素材が約 1 億点使えること（無料版は数十万点），AI 機能を含む Canva のすべての機能が使えるようになることです。AI 機能を使うと，画像の背景除去や不要な部分を削除できます。また，キーワードから文章の作成などを AI が行ってくれます。保健室などに掲示するポスターや保健だより作成の際，ストレスなくスムーズにつくることができるようになり，養護教諭の業務の "時短" にも繋がります。

Chapter 1

保健室経営

×

ICT

Google Classroom　Google フォーム　Google スプレッドシート

ルーティン　来室対応　保健だより

欠席連絡

 Good ポイント

・朝の電話がなくなる。
・教員のタイミングで欠席確認ができる。
・保護者のタイミングで欠席連絡ができる。
・保護者にとって電話が繋がらず困ることがない。
・スプレッドシートに欠席連絡が集約され全教員で共有ができる。
・朝すぐに感染症対策や学級閉鎖などの対応が取れる。

STEP 1 Google フォームをつくる

　クラス，氏名，体温，欠席・遅刻，理由を入力できるフォームをつくります。

STEP 2 Google スプレッドシートを教職員と共有する

　フォームの回答をスプレッドシートで表示します。スプレッドシートのリンクを Classroom で共有します（やり方は p.12参照）。

STEP 3 Google フォームを保護者と共有する

　Classroom やメールでフォームを共有します（やり方は p.12参照）。QR コードで共有することも効果的です。

欠席連絡

STEP1 Google フォームをつくる

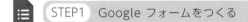

朝の電話がなくなる

STEP2 Google スプレッドシートを教職員と共有する

STEP3 Google フォームを保護者と共有する

保健室経営

Google Classroom　Google フォーム　Google スプレッドシート

ルーティン　　来室対応　　保健だより

健康観察

 Good ポイント

・健康観察板の作成，集約が不要になるため，時短になる。
・朝すぐに感染症対策や学級閉鎖などの対応が取れる。
・健康観察板は子供が保健室に運ぶため個人情報紛失のリスクが高いが，ICT を活用した健康観察であれば子供による運搬がなくなるので紛失のリスクが減る。

STEP 1 Google フォームをつくる

　クラス，氏名，欠席理由を入力できるフォームをつくります。欠席理由は，「か：かぜ」「ふ：ふちょう」のようにルールをつくっておくとスプレッドシートの一覧が見やすくなるため便利です。

STEP 2 Google スプレッドシートを教職員と共有する

　フォームの回答をスプレッドシートで表示します。スプレッドシートのリンクを Classroom で共有します（やり方は p.12参照）。入力〆切時間を決めておき，その時間になったら確認をします。スプレッドシートで集約した情報はスクロールせずに見られるように文字数を工夫すると使いやすいです。

健康観察

STEP1 Google フォームをつくる

健康観察板不要！
忙しい朝の強い味方！

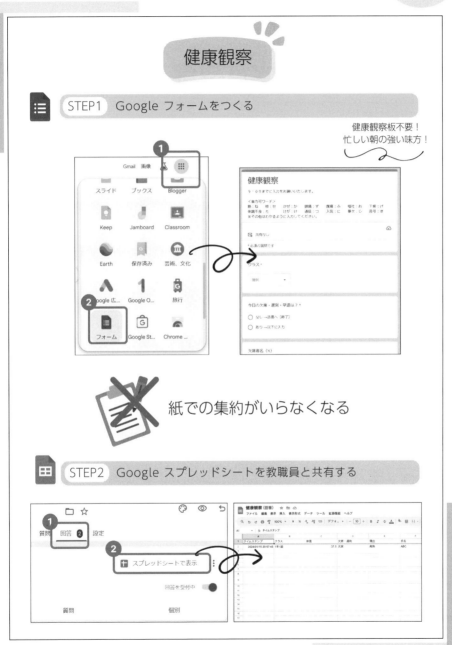

紙での集約がいらなくなる

STEP2 Google スプレッドシートを教職員と共有する

Google フォーム　Google スプレッドシート

水質検査

 Good ポイント

- 保健室での ICT の活用として始めやすい。
- フォーム，スプレッドシートの使い方や利点がわかる。
- 保健委員会の常時活動で使用すると ICT 教育にも繋がる。
- スプレッドシートを活用することでグラフの作成がすぐできる。
- メールでの提出の場合，スプレッドシートのリンクを送るだけでよい
  ため，ペーパーレスに繋がる。

STEP 1 Google フォームをつくる

　異常の有無（濁り，匂い，味），残留塩素濃度などを入力できるフォーム
をつくります。異常の有無を濁り，匂い，味などの項目ごとに入力できるよ
うにしてもよいですが，最初は簡易的な方が ICT を継続的に活用できます。

STEP 2 Google スプレッドシートで表示する

　フォームの回答をスプレッドシートで表示します。スプレッドシートには，
フォームが入力された日時が自動で出力されます。また，フォームもスプレ
ッドシートもブックマークしておくとすぐにアクセスできるため使いやすい
です。

水質検査

STEP1　Google フォームをつくる

ICT初心者さんは
まずここから！

フォームの項目は
シンプルでOK！

STEP2　Google スプレッドシートで表示する

Google フォーム　Google スプレッドシート

ルーティン　　来室対応　　保健だより

在庫管理

Good ポイント

- 保健室での ICT の活用として始めやすい。
- フォーム，スプレッドシートの使い方や利点がわかる。
- 保健委員会の常時活動で使用すると ICT 教育に繋がる。
- ペーパーレス化になる。
- 在庫の状況がすぐにわかる。
- 事務の方と共有すると在庫状況を見て必要なものを注文してくれる。

STEP 1 Google フォームをつくる

　ハンドソープ，アルコール，マスク，ティッシュ箱，トイレットペーパー，生理用品などの在庫を入力できるフォームをつくります。箱単位で管理されているものから在庫管理を始めることをおすすめします。

STEP 2 Google スプレッドシートで表示する

　フォームの回答をスプレッドシートで表示します。スプレッドシートには，フォームが入力された日時が自動で出力されます。また，フォームもスプレッドシートもブックマークしておくとすぐにアクセスできるため使いやすいです。

在庫管理

保健室経営

STEP1 　Google フォームをつくる

ブックマークして
おくと便利！

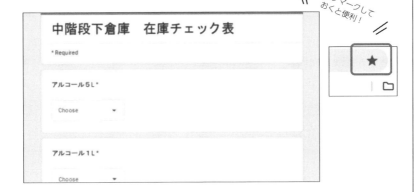

中階段下倉庫　在庫チェック表

* Required

アルコール 5 L *

Choose ▾

アルコール 1 L *

Choose ▾

STEP2 　Google スプレッドシートで表示する

ハンドソープ、アルコール
マスク、生理用品など
保健室が管理する在庫を記録

減り具合が分かれば
来年の消耗品の予算の
見通しもつきやすい◎

Google フォーム　Google スプレッドシート

ルーティン　来室対応　保健だより

調査・アンケート

Good ポイント

- ・研究会で活用すると自治体の養護教諭が ICT に触れる機会に繋がる。
- ・結果が集約されることで時短に繋がる。
- ・回答していない人がすぐにわかる。
- ・グラフの作成がすぐにできる
- ・ペーパーレス化になる。

STEP 1 Google フォームをつくる

　学校名，回答を入力できるフォームをつくります。Yes・No で答えられる質問であれば回答の多いと思われる選択肢を前にすると回答者にとって答える負担が減ります。

STEP 2 Google フォームを Google Classroom で共有する

　研究会などの Classroom で共有します（やり方は p.12参照）。QR コードで共有すると個人のスマートフォンから回答することができます。

STEP 3 他校の養護教諭に結果を共有する

　コメントを入れた資料をつくりたい場合は，結果をキャプチャして Word などに貼り付けてまとめます。

38

調査・アンケート

STEP1 Google フォームをつくる

養護教諭研究会アンケート

🖼 共有なし

* 必須の質問です

学校名 *

回答を入力

氏名 *

回答を入力

次年度、やりたい研修 *

回答を入力

次年度、お願いしたい講師 *

回答を入力

\\ 結果の見方 //

回答 **2**

グラフになる

2 件の回答

どの研修がやりたいですか？

スプレッドシート
にもまとまる

STEP2 Google フォームをGoogle Classroomで共有する

Google Classroom

STEP3 他校の養護教諭に結果を共有する

学校間の交換便を
待つ必要なし！

保健室経営

ChatGPT

応急処置に悩んだ時の相談窓口

Good ポイント

- 単数配置が多い養護教諭にとってよい相談相手になる。
- ChatGPT の特性からすべて正しいとは限らないがかなり参考になる。
- 検索で調べる時に起こる「どの情報が最適か選ぶのに悩む」状態をカバーしてくれる。
- 「優先順位を付けて」とお願いすれば（プロンプト），対応の順番まで教えてくれるため，すぐにしなければいけないことがわかる。

STEP 1 子供の状態を整理する

保健室に来室した子供の状態を聞いたり，観察したりして記録を取ります。年度はじめに集める保健調査から既往歴やアレルギーも調べておきます。

STEP 2 聞きたいこと（プロンプト）を入れる

ChatGPT の一番下の入力窓に指示したいこと（プロンプト）を入れます。具体的な内容を入れることで ChatGPT がより正確に求めていることを答えてくれるため，聞き方（プロンプト）がとても大切です。例えば「あなたは医療従事者です。10才，女子に○○な症状があります。優先順位を付けて対応を教えてください」等と聞きます。

カラー版は QR コードから

応急処置に悩んだ時の相談窓口

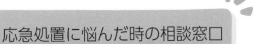

STEP1 子供の状態を整理する

| 子供への対応 | 観察、バイタル | 情報をまとめる |

STEP2 聞きたいこと（プロンプト）を入れる

ChatGPT 3.5 ∨

あなた
10才、女子が繰り返す頭痛の症状があります。優先順位を付けて対応を教えてください。

ChatGPT
10歳の女子が繰り返す頭痛の症状がある場合、以下の優先順位で対応することが重要です。

1. 症状の詳細な評価:
   ・頭痛の発生頻度、症状の特徴（痛みの場所、強度、継続時間）、伴う症状（吐き気、めまい、視覚の変化など）を詳しく聞き取ります。
2. 医師の診察:
   ・頭痛の原因を特定するため、小児科医または神経科医による診察を受けることが重要です。
3. 家族歴の確認:
   ・家族に頭痛や他の健康問題があるかどうかを確認し、遺伝的な要因を考慮します。
4. 身体検査:
   ・一般的な身体検査を行い、異常があるかどうかを確認します。
5. トリガーの特定:
   ・頭痛のトリガーを特定し、避けるためのアドバイスを提供します。ストレス、不足栄養、適切な休息などが考慮されます。
6. 生活様式の見直し:
   ・適切な食事、睡眠、運動、ストレス管理をサポートし、頭痛の予防に役立つ生活様式を確立します。
7. 治療計画の立案:
   ・症状の原因に応じて治療計画を立てます。薬物療法が必要な場合、医師の指示に従います。
8. 経過観察:
   ・治療を開始したら、症状の経過を定期的にモニタリングし、必要に応じて治療を調整します。
9. 教育とサポート:
   ・患者と家族に対して頭痛の管理方法や予防策を教育し、サポートを提供します。

最も重要なのは、症状を正確に評価し、専門家の指導を仰ぐことです。子供の頭痛はさまざまな原因が考えられるため、早期の評価と適切な治療が必要です。

ChatGPT

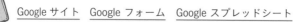

Google サイト　Google フォーム　Google スプレッドシート

ルーティン　**来室対応**　保健だより

来室記録

🌸 *Good* ポイント

・保健室でタッチパネルの使い方の ICT 教育ができる。
・結果が一瞬でグラフ化されるため，管理職に状況を聞かれた時にすぐに報告できる。
・スプレッドシート（Excel に似ている）にも結果が集約される。
・紙の一覧表と異なり，来室状況を他の児童・生徒から見られないため，個人情報が保たれる。
・話すことが苦手な児童・生徒の悩みなども聞き取りやすい。

STEP 1 Google フォームをつくる

　学年・クラス・名前・いつ・どこで・どうした・対応した内容・養護教諭に伝えたいことなどを入力できるフォームをつくります。

STEP 2 Google サイトでタッチパネル型の来室記録をつくる

　「空白のサイト」をクリックし，右の「コンテンツブロック」の一番右上の形式のものを選びます。「＋」→「画像を選択」の順にクリックし，けがと病気の画像を挿入します。挿入した画像をダブルクリックし，「リンクを挿入」を押し，けがのフォームと病気のフォームのリンクを貼ります。そうすることで，けがの画像をタッチするとけがのフォームへ，病気の画像をタッチすると病気のフォームへ飛ぶタッチパネル型の来室記録ができます。子供はお店にあるタッチパネルを保健室で体験的に学ぶことができます。

カラー版は QR コードから

来室記録

STEP1 Google フォームをつくる

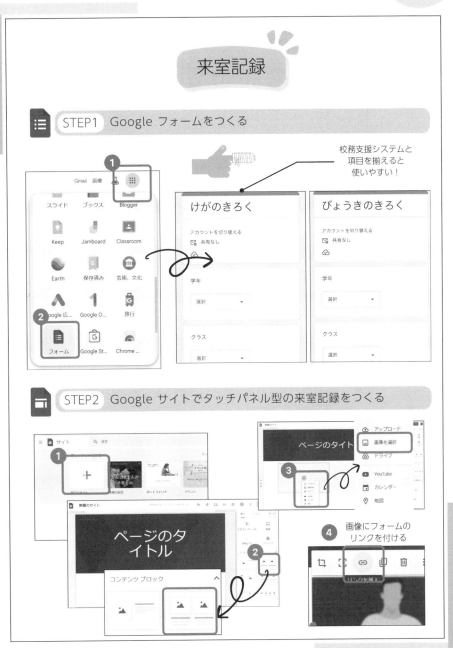

校務支援システムと
項目を揃えると
使いやすい！

けがのきろく

アカウントを切り替える
共有なし

学年

選択 ▾

クラス

選択 ▾

びょうきのきろく

アカウントを切り替える
共有なし

学年

選択 ▾

クラス

選択 ▾

STEP2 Google サイトでタッチパネル型の来室記録をつくる

ページのタイトル

アップロード
画像を選択
ドライブ
YouTube
カレンダー
地図

ページのタイトル

コンテンツ ブロック

4 画像にフォームの
リンクを付ける

リンクを挿入

Google Meet

ルーティン　　**来室対応**　　保健だより

離席時対応

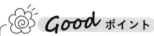

Good ポイント

- 各教室や研究授業等などを見に行く時に安心して保健室を離れられる。
- 保健室を空ける時に安易に養護教諭が呼ばれることを防ぐことができる。
- 単数配置でも時間を効率的に使える。
- カットバンやマスクなどの簡単な対応をオンラインで済ませられる。
- 来室者が重症であればすぐに判断し駆けつけることができる。

STEP 1 Google Classroom でクラスをつくる

保健室のクラスを作成します。

STEP 2 タブレット2台を Google Meet で繋ぐ

タブレットを2台用意し，Meet で繋ぎます。1つはカメラとマイクをオンにし，もう1つはカメラをオンにマイクをオフにします。

STEP 3 セッティングをする

保健室入口にカメラとマイクがオンになっているタブレットを設置し，カットバン，マスク，体温計を置きます。養護教諭はマイクがオフになっているタブレットにイヤホンを付けたものを手に持ち，各教室や研究授業など行きたい場所に行きます。適宜，カメラの様子を確認し，子供が来室した様子であれば，マイクをオンにして対応します。

カラー版は QR コードから

離席時対応

STEP1　Google Classroom でクラスをつくる

STEP2　タブレット2台を Google Meetで繋ぐ

STEP3　セッティングをする

Google Meetを活用した遠隔来室者対応

保健室入口カメラ　　養護教諭カメラ

保健室経営

Google Classroom　Google スライド

ルーティン　**来室対応**　保健だより

コミュニケーションボード

 Good ポイント

- 場面緘黙や話すことが苦手な子供でもチャットでは話せることもあるため，コミュニケーションを取る手助けになる。
- 不登校の子供ともコミュニケーションが取れるツールになる。
- 外国籍の子供とも翻訳機能を使って瞬時に会話ができる。
- 特別な支援が必要な子供に対し，イラストや画像を用いたり（視覚支援），Yes/No で答えられる内容にしたりする等の工夫がしやすい。
- チャット等でアウトプットを続けることで子供の話す自信を育てられる。

STEP 1 Google スライドで SNS 風のボードをつくる

　スライドの背景を空色にします。「図形」から「角丸四角形」を追加します。挿入した図形をダブルクリックして文字を入れることでチャットのような形でコミュニケーションを取れるようにします。

※ SNS 風にするのは子供が慣れているツールだと使いやすいからです。

STEP 2 Google Classroom で共有する

　コミュニケーションボードを共有するクラスを作成し，子供に参加してもらいます。Classroom でスライドを共有し（やり方は p.12参照），コミュニケーションを開始します。

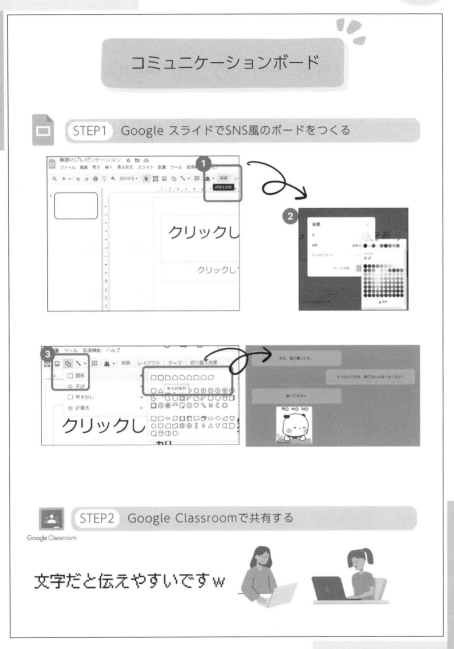

コミュニケーションボード

STEP1　Google スライドでSNS風のボードをつくる

STEP2　Google Classroomで共有する

保健室経営

 Google フォーム

ルーティン 　**来室対応** 　保健だより

痛み・心のスケール

😊 *Good* ポイント

- 言葉で表現することが難しい感情を視覚的に表現するための支援ができる。
- 低学年の子供や特別な支援が必要な子供に最適である。
- 外国籍の子供にも絵を使うことでわかりやすく共有できる。
- 保健室登校やメンタル面での不調を抱えている来室者などのスケールを継続的に集約すれば，長期的な心の状態を可視化することができる。
- 不定愁訴であれば痛みの強弱を以前と比較し自分の不調の理解を促すことができる。

STEP 1 Google フォームをつくる

　痛みであればキーボードで「かお」と入力し，「😊🙂😐😖😫」を選択できるフォームを作成します。心であればキーボードで「天気」と入力し，「☀☁🌧」を選択できるフォームを作成します。

STEP 2 タッチパネル型で提示し入力してもらう

　右上の「プレビュー（目のマーク）」を選択します。そうすることで，リンクを共有しなくても回答を集めることができます。タブレットでフォームをタッチパネルのように表示して使用することをおすすめします。

痛み・心のスケール

STEP1 Google フォームをつくる

STEP2 タッチパネル型で提示し入力してもらう

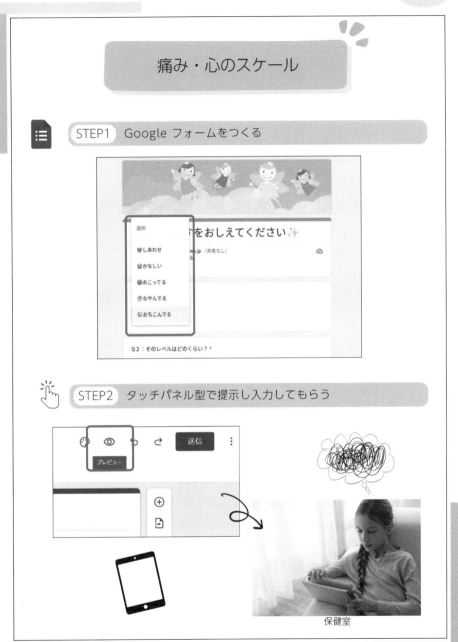

保健室

Canva

ルーティン　**来室対応**　保健だより

便利カード集

🌼 *Good* ポイント

- 指差しで意思表示ができ，特別な支援が必要な子供とのコミュニケーションに使える。
- クールダウンの場所などは実際の写真を入れるとよりわかりやすくなり，写真も Canva であれば簡単に入れられる。
- 便利カードによる視覚支援はすぐに必要になることが多いが，Canva であれば豊富なテンプレートがあるためすぐに作成できる。

STEP 1 Canva で便利カード集をつくる

　Canva を開き，クールダウンの場所を選択したり意思表示ができたりするカードに適したテンプレートを選択します。Canva の素材（イラスト，画像）や実際の写真を入れて，その子供に合った便利カード集をつくります。写真はフレームに入れるのがおすすめです。

STEP 2 印刷，ラミネートして仕上げる

　「共有」→「ダウンロード」の順に選択し，「ファイルの種類」を「PDF（印刷）」にして保存します。印刷したらラミネートして保健室で使用したり本人に渡して使用したりします。

便利カード集
(クールダウン、意思表示)

STEP1 Canvaで便利カード集をつくる

クールダウン

STEP2 印刷、ラミネートして仕上げる

PDF (印刷) がおすすめ!

Canva

ルーティン　来室対応　保健だより

保健室のルールづくり・共有

Good ポイント

- 保健室のルールの資料をつくっておくと4月の職員会議や全校集会で話す時やデータを共有して各クラスで担任から話してもらう時，デジタルサイネージとして流す時などに活用でき汎用性が高い。
- 1年生の校内探検や最初の健診の時にデジタルサイネージとして流すことも効果的。
- Canva を使えば保健委員会につくってもらうこともできる。

STEP 1 Canva でデータをつくる

　「プレゼンテーション」を選択し，よさそうなテンプレート（すでに画像が入っているものがおすすめ）を選び，画像や文字を入れ替えます。保健室や養護教諭自身の写真を入れるとさらにいい感じになります。

STEP 2 デジタルサイネージとして流す

　「プレゼンテーション」→「自動再生」→「プレゼンテーション」の順に選択します。スピードを調整したい場合は，編集画面の左上にある「タイミングを編集します（時計のマーク）」をクリックし，時間を変更します。音楽を付けたい場合は，「素材」にあるオーディオから好きなものを選びます。

保健室のルールづくり・共有

STEP1 Canvaでデータをつくる

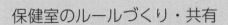

STEP2 デジタルサイネージとして流す

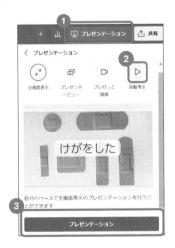

ぱっと
目を引く！

Canva

ルーティン　　来室対応　　保健だより

簡単に作成する技

Good ポイント

- 保健だよりも配信が主流でペーパーレスとなってきている中で，カラーの保健だよりが簡単にすぐ作成できる。
- 使用できる素材が1億点以上あるため，オリジナルの保健だよりができる。
- テンプレートやイラストなどの素材は都度の許可取りやクレジット表記をせず商用等広い範囲で使用できるものなので安心して活用できる。
- クラウド上に保存されるためスマートフォンからでも家のパソコンからでも作成できる。

STEP 1 Canva で保健だよりをつくる

　「チラシ」を選択し，保健だよりをつくります。直感でテンプレートを選び（枠が多いものがおすすめ），文字と画像を入れ替えます。検索窓に「おたより」と入れてテンプレートを探すこともできます。

STEP 2 データをダウンロードする

　「共有」→「ダウンロード」の順に選択し，「ファイルの種類」を PDF にして保存し，学校の連絡ツールやメールに添付して配信します。ホームページにも掲載します。そのまま拡大印刷して保健室前にカラーで掲示するのもおすすめです。

簡単に作成する技

STEP1　Canvaで保健だよりをつくる

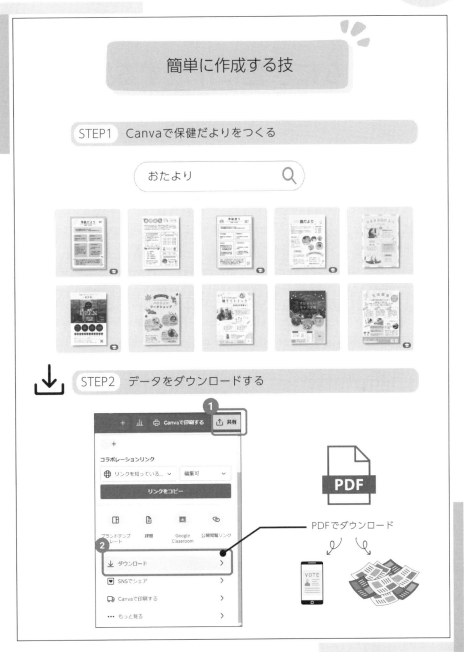

おたより

STEP2　データをダウンロードする

PDFでダウンロード

保健室経営

Canva

ルーティン　来室対応　**保健だより**

さらに手軽に作成する技

Good ポイント

- 保健雑誌の付録のデータをアレンジすることで，オリジナルの保健だよりを作成できる。
- 保健だよりをつくる暇がない時でもすぐに作成できる。
- 拡大印刷することで廊下掲示用のポスターにもなる。

STEP 1 保健雑誌の付録のデータをダウンロードする

保健雑誌に付録として付いている保健だよりのデータをダウンロードします（やり方は雑誌によるため要確認）。

STEP 2 Canva にデータをアップロードする

左の「アップロード」から「ファイルをアップロード」を選択します。STEP1で保存したデータがあるファイルを開き，そのデータを選択します。

STEP 3 Canva で編集する

Canva で編集します。学校名や保健目標を入れたり，イラストや画像を変えたりします。養護教諭自身の写真が入るといい感じになります。

さらに手軽に作成する技

STEP1　保健雑誌の付録のデータをダウンロードする

DOWNLOAD

STEP2　Canvaにデータをアップロードする

ダウンロードした
データを選択

ホーム　ファイル　マジック変換

デザイン

Q アップロードの検索

0% 使用済みのストレージ

素材

ファイルをアップロード ・・・

テキスト

画像　　　動画　　　オーディオ

ブランド

こちらにメディアをドラッグ
してアップロードするか、ア
カウントに紐付けてくださ
い。

アップロード

描画

プロジェクト

養護教諭自身の写真を
入れるのがおすすめ！

背景除去すると
きれいに

STEP3　Canvaで編集する

保健室経営

Canva

ルーティン　来室対応　保健だより

かわいくカラーに再編集する技

 Good ポイント

・今までに自分が作った白黒の保健だよりが生かせる。
・タイトルや画像をカラーにするだけで出来上がる。
・自分のオリジナル感が出る。
・0 からつくらないため時短に繋がる。
・再編集した保健だよりをダウンロードしてパソコンに保存しておけば，今後も同じように使うことができる。

STEP 1 Canva にデータをアップロードする

　左の「アップロード」から「ファイルをアップロード」を選択します。過去に作成した白黒の保健だよりのデータを選択し，アップロードします。

STEP 2 Canva で再編集する

　Canva で再編集します。おすすめはタイトルと画像やイラストをカラーにすることです。白い四角などの図形で古いタイトルやイラストを隠し，その上からカラーのタイトルやイラストを入れます。完成したら，「共有」→「ダウンロード」の順に選択し，「ファイルの種類」を PDF にして保存します。

過去に作成した白黒の保健だよりを
かわいくカラーに再編集する技

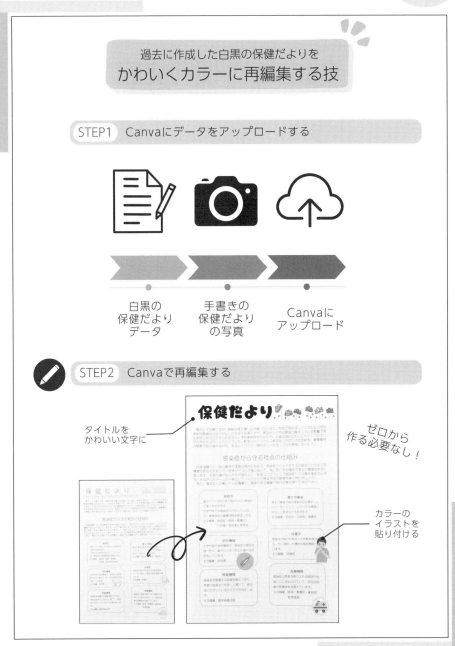

STEP1 Canvaにデータをアップロードする

白黒の
保健だより
データ

手書きの
保健だより
の写真

Canvaに
アップロード

STEP2 Canvaで再編集する

タイトルを
かわいい文字に

ゼロから
作る必要なし！

カラーの
イラストを
貼り付ける

保健室経営

Canva

ルーティン　来室対応　**保健だより**

Canva の便利機能

Good ポイント

- 理想の保健だよりがつくれる。
- いろいろなアプリケーションを開かなくても Canva ですべてできる。
- 養護教諭や保健委員会の子供の写真の背景除去が簡単にできる。
- AI が保健だよりの文章を考えてくれる。
- 外国籍の家庭用の保健だよりが簡単にできる。

 ## 背景除去

画像を選び，左上の「写真を編集」から「背景除去」を選択します。

 ## AI 機能で文章作成

右下にある青いキラキラマークから「マジック作文」を選び，キーワードを入れ文章をつくります。医療的なワードは除外されますので表現に注意が必要です。

 ## 翻訳

左上にある「リサイズ＆マジック変換」から「AI 自動翻訳」を選び，言語を選択します。テンプレートはそのままで文章が翻訳されたものが作成されます。文字の配列などを微調整するときれいな仕上がりになります。

保健室経営

Canvaの便利機能

背景除去

Canvaなら
一瞬でできる！

AI機能で文章作成

マジック作文™
AIによる提案でブレインストーミング 👑
する

続きを自動で作文
要約
書き換え
もっと楽しく
もっとフォーマルに
ファンタジー調に変更
スペリングを修正

おすすめは
続きを自動で作文

翻訳

マジック変換

Q サイズ変更オプションを検索

✦ New

AI自動翻訳
デザインを別の言語に翻訳できます

Q
ラテン語
ラトビア語
リトアニア語
リンガラ語
ルーマニア語
ルクセンブルグ語

外国籍の子供用
保健だよりに

カラー版は QR コードから

救命サポーター

持ち歩けば大丈夫！
救命サポーター
アプリ！！

救命サポーター
アプリ

AED 財団が作った救命用のアプリが「救命サポーター」です。救命に必要な情報が 1 つにまとめられています。「AED N@VI」は，地図と連携し，今いる地点や行き先の最寄りの AED を探してくれます。「AED GO」は，AED が必要になった時，周りの人が AED を持ってきてくれます（導入されていない地域もあります）。校外学習や宿泊先で AED の場所がわからない，水泳指導前の心肺蘇生法の研修用の資料や動画に悩む，救命教育の授業で心肺蘇生法について授業をする，そんな時に役立ちます。AED は持ち歩けませんが，ぜひスマホに「救命サポーター」を入れて持ち歩くようにしましょう。

Chapter 2

健康診断
×
ICT

Canva

健診前ミニ保健教育

STEP 1 Canva で，データをつくる

　「プレゼンテーション」を選択し，好きなテンプレートを選びます。健康診断の内容，流れ，学校医の紹介，クイズなどを入れます。

STEP 2 デジタルサイネージとして流す

　「プレゼンテーション」→「自動再生」→「プレゼンテーション」の順に選択します。デジタルサイネージとして TV から流します。

　つくったプレゼンテーションは「共有」→「ダウンロード」の順にクリックし，「ファイルの種類」を「PPTX（Microsoft PowerPoint ドキュメント）」にして保存します。担任に配布し，クラスでの事前指導に活用してもらうことで，子供たち（特に低学年や特別な支援が必要な子供）はより見通しをもって安心して健康診断に参加することができます。

健診前ミニ保健教育

STEP1 Canvaでデータをつくる

①しんぞうのばしょは わかるかな？	②しんぞうのおとを きくけんさだよ	③うごかないで しずかにしよう
④ベッドにねたら なまえをいおう 〇〇です	⑤むね、てくび、あしくび にぺたぺたつけるよ	⑥けんさのひとの はなしをきこう

STEP2 デジタルサイネージとして流す

健康診断

Canva

尿検査のお知らせ

Good ポイント

・目立つため，注目されやすい。
・朝，デジタルサイネージとして流すことで提出忘れを防げる。
・アニメーションや音楽を入れることができる。
・とにかく簡単につくれる。
・回収日が複数あっても日にちの変更などが簡単。

STEP 1 Canva でデータをつくる

　「プレゼンテーション」を選択し，好きなテンプレートを選びます。日にち，回収時間，素材（イラスト，画像）などを入れ，音楽，アニメーション（Canva では「アニメート」と表記，中央上）を付けます。動くイラストを入れると目立ち，子供たちの注目をより集められるのでおすすめです。

STEP 2 デジタルサイネージとして流す

　「プレゼンテーション」→「自動再生」→「プレゼンテーション」の順に選択します。デジタルサイネージとして TV から流します。
　タブレットでもデジタルサイネージはできますが TV の方が子供たちの注目をより集められると感じています。TV の大画面や CM が流れているような非日常が，子供たちの興味を引き，保健教育をする上でも効果的であると言えます。

尿検査のお知らせ

STEP1 Canvaでデータをつくる

STEP2 デジタルサイネージとして流す

動くイラストで
より目立つ

健康診断

Canva　Google スライド　Google Classroom

健診待ち時間表示ボード

Good ポイント

- 1つの画面を全教職員で共有できる。
- 教室で担任や子供たちが見通しをもてる。
- 養護教諭が呼びに行かなくても動いてくれるため，時短に繋がる。
- 離れていても教職員間でチャットのようにやりとりができる。
- 健康診断を通じて全教職員への ICT の OJT の機会になる。

STEP 1 Canva で背景となる画像をつくる

「プレゼンテーション」を選択し，Ⓐ健診中のクラス，Ⓑ移動するクラス，Ⓒ待ち時間の枠をつくります。「共有」→「ダウンロード」の順にクリックし，「ファイルの種類」を「PNG」にして保存します。

STEP 2 Google スライドに画像を挿入する

スライドの「背景」から「画像を選択」を選び，STEP1で作成した画像を挿入します。テキストボックスを挿入し，ⒶⒷにクラス名，Ⓒに0（分）を入力します。

STEP 3 Google Classroom で共有する

共有後，適宜テキストボックスを動かしたり中のテキストを変更したりします。Ⓒの時間を±◯分で提示します（時間が押しているときは＋◯分，早く進んでいる時は－◯分と提示しています）。

カラー版は QR コードから

健診待ち時間
表示ボード

STEP1　Canvaで背景となる画像をつくる

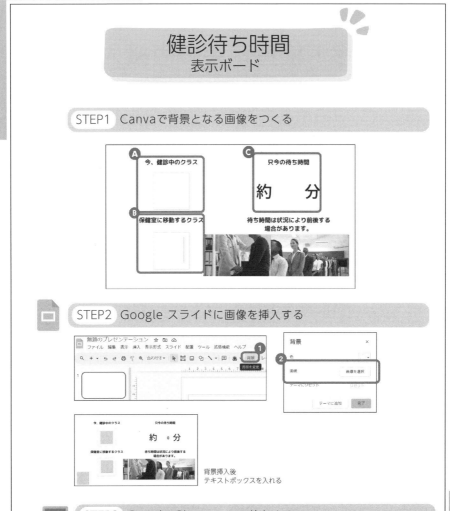

STEP2　Google スライドに画像を挿入する

背景挿入後
テキストボックスを入れる

STEP3　Google Classroomで共有する

Google Classroom

クラスで確認

健康診断

Google スプレッドシート

検診・検査結果の直接入力

Good ポイント

- 紙から Excel などへの転記ミスや転記業務の削減に繋がり，大幅な時短になる。
- 結果をすぐに担任と共有することができる。
- Google スプレッドシートにデータがあることで，保健の授業で活用することができ，汎用性が高い。

STEP 1 校務支援ソフトからフォーマットをダウンロードする

　各自治体の校務支援ソフトにある各検診・検査のフォーマットをダウンロードします。学校用の USB などで Google Chrome（ブラウザ）へ移動させます。Excel でダウンロードされている場合は，スプレッドシートに変換します。

※設営の問題がなければ校務支援ソフトに直接入力することも可能です。

STEP 2 検診・検査結果を直接入力する

　検診・検査結果をスプレッドシートに直接入力します。この入力が結果に反映されるためより丁寧に行うようにします。PC トラブルがないように，念のため，電源コード，名簿も用意しておくことをおすすめします。

検診・検査結果 の
直接入力

 STEP1　校務支援ソフトからフォーマットをダウンロードする

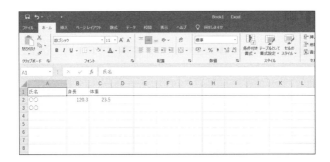

STEP2　検診・検査結果を直接入力する

検診・検査終了と
ともに入力も終了

Google Meet

離れた健診会場を遠隔チェック

 Good ポイント

- 健診会場が離れていても予定通り進んでいるか，静かに並んでいるか，トラブルはないかなどの現場の状況を確認できる。
- 静かに並んでいない時の対応やトラブル対応について，現場と即時に話すことができる。
- 問題がない時は保健室で事務作業ができる。

STEP 1 Google Classroom でクラスをつくる

健康診断用のクラスをつくり，参加してもらいます。

STEP 2 Google Meet を繋ぐ

タブレットを2台用意します。Classroom から Meet を繋ぎます。健診会場側のカメラをオン，マイクをオフにします。保健室側のカメラ・マイクをオフにします。

STEP 3 タブレットを健診会場側と保健室側に設置する

子供たちが並ぶ健診会場の廊下などに STEP2で設定したタブレットを設置します。保健室側のタブレットは事務作業しながら見えるところに設置します。

カラー版は QR コードから

離れた健診会場を
遠隔チェック

STEP1　Google Classroom でクラスをつくる

STEP2　Google Meetを繋ぐ

STEP3　タブレットを健診会場側と保健室側に設置する

ちゃんと並んでるね
次のクラスも来てるね
保健室業務をしよう

保健室

健診会場

健康診断

Google スライド　Google Classroom

視力検査が苦手な子供への対応

Good ポイント

・言葉に出さずに伝えることができるため，場面緘黙の子供にも使える。
・視覚支援にもなる。

STEP 1 Google スライドで背景となる画像をつくる

　中央に「長方形」の図形を挿入します。「ファイル」→「ダウンロード」→「PNG 画像」の順に選択，またはキャプチャで作成したスライドを画像として保存します。

STEP 2 別の Google スライドに画像を挿入する

　「ファイル」→「新規作成」→「プレゼンテーション」の順に選択して別のスライドを作成します。STEP1で作成した画像を背景として挿入します（やり方は p.68参照）。その画像の上にランドルト環の4方向の画像を挿入して並べます。

STEP 3 Google Classroom で共有する

　Classroom を開き，スライドを共有します（やり方は p.12参照）。タブレットを2台用意し，1台を子供の手元に，もう1台を養護教諭の近くに置いておきます。子供がタブレット上のランドルト環を動かして示せるようにします。そうすることで子供はランドルト環の開いている方向を伝えることができます。

視力検査が苦手な
子供への対応

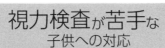

STEP1　Google スライドで背景となる画像をつくる

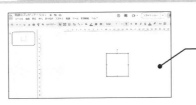

中央に長方形の図形を挿入

STEP2　別の Google スライドに画像を挿入する

ランドルト環の画像を動かす

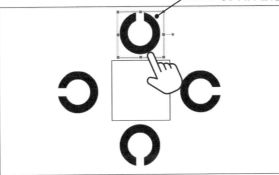

STEP3　Google Classroomで共有する

Google Classroom

健康診断

column

差し込み印刷

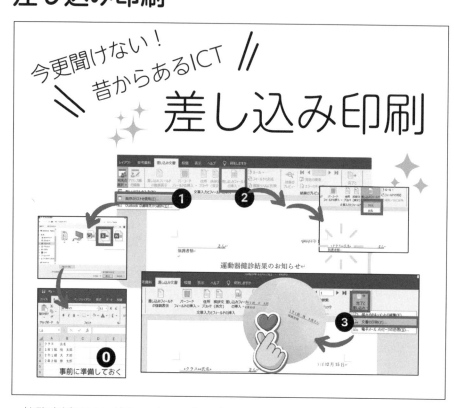

　校務支援ソフトが入っていてもセキュリティーが厳しくいろいろなアプリを利用できない場合や，そもそも校務支援ソフトが入っておらず Word や Excel を駆使するしかない場合も，「差し込み印刷」を使うことで保健室業務が劇的に変わります。例えば，全校児童・生徒分の名前のハンコを押す，身長・体重を記入するなどの業務が削減できます。上の図を見ながら，順番に1つ1つ行えば，聞いたことはあるけれどもやったことがなかったという人も「差し込み印刷」を行うことができます。やり方は意外と簡単ですので何回かやればスムーズにできます。

Chapter 3

保健教育 × ICT

Google フォーム

授業の導入

 Good ポイント

・授業の導入で子供たちに自分事として考えてもらう際に使える。
・保健の教科書にあるグラフと比較をしてクラスの状況を調べられる。
・子供たちに聞きたいことをすぐに聞ける。
・クラス全員が参加でき，意見を言える。
・多様な価値観に触れることができる。

STEP 1 保健の教科書を参考に Google フォームをつくる

保健の教科書を参考に同じような質問が記載されたフォームをつくります。

STEP 2 Google Classroom で子供たちに共有する

Classroom を開きフォームを共有します（やり方は p.12参照）。保健の教科書の導入の話をしてから，「このクラスはどうでしょう？」と聞いてみます。

STEP 3 Google フォームの回答を共有する

フォームの回答から結果をグラフにしたものを共有します。考えを発表させます。理由を書く欄をつくれば，発表が苦手な子供の意見も共有できます。

授業の導入

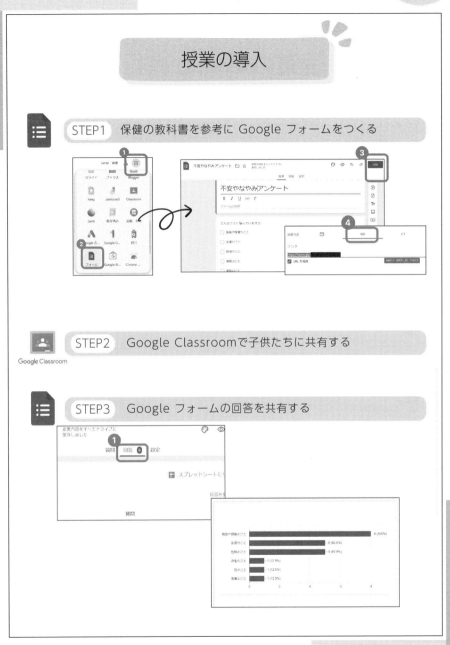

STEP1 保健の教科書を参考に Google フォームをつくる

STEP2 Google Classroomで子供たちに共有する

Google Classroom

STEP3 Google フォームの回答を共有する

スクールタクト

授業の準備と進行

STEP 1 スクールタクトを開く

各自治体の規定のやり方でスクールタクトにログインします。

STEP 2 スクールタクトで授業の準備をする

メインメニューから「授業」を選びます。右下にある「＋」を選び，授業の詳細を入力し，「作成」をクリックします。「＋」→「新規課題を作成」の順に選択します。既に用意されているテンプレートを活用したり，自分で課題を作成したりします。

STEP 3 配布，共同編集，採点する

「設定」から「共有の有無」を「共同編集モード」に変更し，「配布」を選び授業を開始します。児童生徒が課題を「提出」した後，「評価」で採点します。

カラー版は QR コードから

授業の準備と進行

STEP1 スクールタクトを開く

STEP2 スクールタクトで授業の準備をする

STEP3 配布、共同編集、採点をする

〈配布のやり方〉

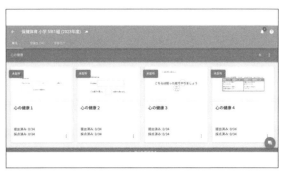

保健教育

Padlet

疑問・質問・意見出し

Good ポイント

・保健の授業中に疑問・質問・意見をいつでも送ることができる。
・子供からのコメントにその都度答えるとライブ感が出る。
・匿名性が保たれる。
・シンプルで入力しやすい。
・入力後，指定の形式で抄録のようにまとめてくれる。

STEP 1 Google Classroom で Padlet を共有する

Classroom で Padlet のリンクを共有します（やり方は p.12参照）。

STEP 2 Padlet を作成する

Padlet はコメントを入れやすく，またとても見やすいです。「＋」からコメントを入れて意見を出し合います。

例えば，右図の上の実践（4年生の保健の授業）では，Padlet に記載されている人物から自分に似た人物を選び，アドバイスを入れる活動をしています。

また，右図の下の実践のように，調べ活動を行う際には，教師が事前に質問事項をセクションに入れておいたものを提示し，セクションの下にある「＋」から子供たちが調べたことを記入するという使い方もできます。

疑問・質問・意見出し

STEP1　Google ClassroomでPadletを共有する

Google Classroom

このリンクをClassroomで共有

STEP2　Padletを作成する

い発育のために
〜○子にアドバイスをしよう！〜

運動不足	好き嫌いが多い	睡眠時間が短い
とにかく運動が苦手だし、ごろらい。休み時間は教室ですごしていたい。でも運動しなくちゃいけないことはわかってる。ぼくにもできる運動はないかな。	野菜が苦手、お肉と甘いものが大好き。バランスよく食べたいとは思っているんだけど…	お友達と遊ぶことやゲームをすることが大好き。習い事がある日もあるから、宿題はいつも夜遅くに…。いつも10時半ごろに寝る。

4-2 保健の授業 4

【調べよう】適切な運動を毎日続けていると、体にどんな効果があると思いますか？	【調べよう】よりよい発育のためには、どんな食品を食べるのがよいでしょうか？	【話し合おう】「P36話し合おう」の絵の人の朝食に加えるものは？その理由は？	【考えよう】よりよい発育と、休養・すいみんには、どんな関係があると思いますか？

保健教育

Kahoot!

授業の復習

 Good ポイント

- とにかく楽しく子供たちが盛り上がる。
- 最後に Kahoot! をやることを伝えると子供たちが授業に集中する。
- 個別最適にできるいろいろなモードがある。
- シングルモードを使うとどのような間違いが多かったか，クラスの傾向を見ることができる。
- 授業の復習になる。

STEP 1 問題をつくる

　右上の「作成」から「Kahoot」を選択し，さらに「空白のキャンパス」を選択します。教科書の内容から正しい回答を探す４択問題をつくります。問題をつくり終えたらクイズを始めるまでの画面も作成します。

STEP 2 Google Classroom で Kahoot! を共有する

Classroom で Kahoot! のリンクを共有します（やり方は p.12参照）。

STEP 3 授業の最後に Kahoot! の復習問題に取り組む

Kahoot! の問題を開始します。ゲーム PIN を提示し入力させます。

授業の復習

STEP1　問題をつくる

STEP2　Google ClassroomでKahoot!を共有する

STEP3　授業の最後にKahoot!の復習問題に取り組む

保健教育

Google Classroom　Google Meet

遠隔での TT 授業

 STEP 1 保健室の Google Classroom をつくる

　保健室の Classroom をつくります。担任は「＋」から「クラスに参加」を選択しクラスコードを入力します。

STEP 2 授業前に Google Meet を繋ぐ

　授業前に Classroom を開き，左の Meet（設定の「Meet のリンクを生成」をクリックすると表示される）から担任と繋ぎます。教室側のタブレットはカメラとマイクをオンとし，全体が見渡せる場所に置いてもらいます。保健室側のタブレットはカメラとマイクはオフにし，イヤホンをして事務作業や来室対応をします。担任や子供たちから質問が来たら，カメラとマイクをオンにして登場します。

カラー版は QR コードから

遠隔でのTT授業

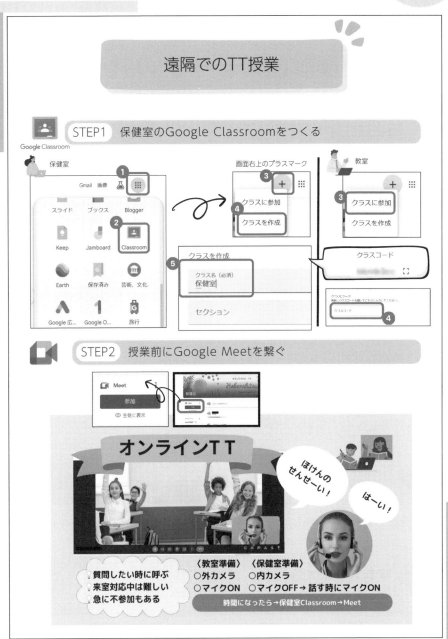

保健教育

健康診断のデータの共有

 Good ポイント

- 4年生の保健の授業で身長・体重の平均データを簡単に共有できる。
- 5年生の保健の授業で校内でのけがの状況をグラフ化したものを簡単に共有できる。
- ペーパーレス化になる。
- 子供が見たいタイミングでデータを見ることができる。
- 目が見えにくい子供は手元でデータをアップにして見ることができるため，授業に参加しやすくなる。

STEP 1 データからグラフを作成する

　担任から依頼を受けた資料や養護教諭が保健の授業をする際に，必要なデータをつくります。スライドでグラフをつくるのがおすすめです。

STEP 2 Google Classroom で共有する

　Classroom を開き，スライドを共有します（やり方は p.12参照）。

STEP 3 授業で活用する

　全体にデータを提示し，自分のタブレットで見てもよいことを伝えます。

カラー版は QR コードから

健康診断のデータの共有

STEP1　データからグラフを作成する

身長・体重の
データなども

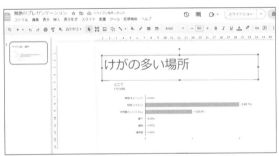

Google Classroom

STEP2　Google Classroom で共有する

STEP3　授業で活用する

保健教育

小3　健康的な生活 「手洗いチェッカー」

 Good ポイント

- 手の汚れが視覚化できる。
- 手の汚れの写真を撮ることで後からゆっくり自分の手の汚れ方について確認できる。
- 手の汚れの写真を見ながら記録ができる。
- （個人情報に注意した上で）共同参照することで，手の汚れの共通点を考えることができる。
- 学習後の手洗い写真と比較することができる。

STEP 1 手洗いチェッカーをし，カメラで撮る

特殊なクリームを手に塗り手を洗います。ブラックライトを手に当てます。両手の手の汚れがわかるようにタブレットのカメラで写真を撮ります。

STEP 2 Google スライドで手の汚れについてまとめる

「空白のプレゼンテーション」を選択し，画面左にあるスライドを右クリックします。「レイアウトを適用」から「2列（タイトルあり）」を選びます。左側に画像を貼り，右側にまとめを書きます。手の汚れを塗ったり，学習後の手洗い画像と比較したりするのもおすすめです。

小3
健康的な生活「手洗いチェッカー」

STEP1　手洗いチェッカーをし、カメラで撮る

STEP2　Google スライドで手の汚れについてまとめる

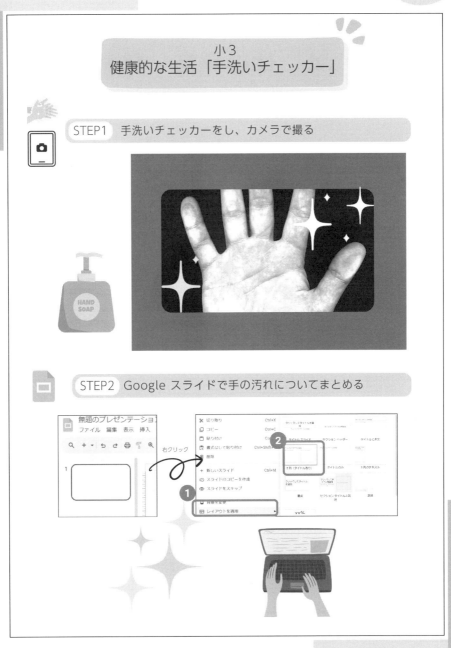

Google スライド

小4　体の発育・発達

Good ポイント

- Google スライドは授業のまとめや意見出しに活用でき，汎用性が高い。
- たくさんの意見に触れることができる。
- 子供たちが共同編集を行うことができ，グループワークに役立つ。
- 不登校や保健室登校している子供も授業に参加することができる。

STEP 1 教科書の男女の写真を撮り，Google スライドに取り込む

　保健の教科書の男女の写真を撮ります。撮った写真を背景として挿入します（やり方は p.68参照）。空いているスペースにテキストボックス（付箋の代わり）をたくさん置きます。完成したスライドを班の数だけコピーし，「共有」から「リンクを知っている全員」がアクセスできるよう設定します。

STEP 2 Google スライドを Google Classroom で共有する

　スライドを Classroom で共有します（やり方は p.12参照）。

STEP 3 Google スライド上で意見出しを行う

　男女の違いを個人で考え，テキストボックスに入れます。また，班の子供たちの意見を見ながら追加していきます。次に，他の班の意見を見て自分の班にないものを追加していきます。それを TV でスライドショーにして発表していきます。

カラー版は QR コードから

小4
体の発育・発達

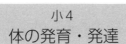

STEP1　教科書の男女の写真を撮り、Google スライドに取り込む

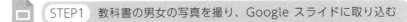

女子　　**両方**　　**男子**

STEP2　Google スライドをGoogle Classroomで共有する

STEP3　Google スライド上で意見出しを行う

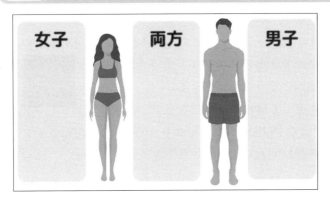

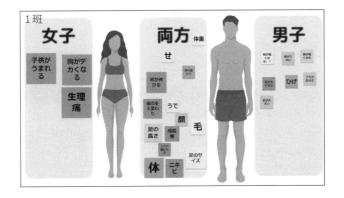

保健教育

小5　けがの防止①

Good ポイント

・YouTube にアップロードされている動画を使用するため，どこでも見ることができる。
・予習や復習に使うことができる。
・子供でも楽しく学べる内容になっている。
・AED 財団や PUSH プロジェクト（NPO 法人大阪ライフサポート協会）が作成に関わっており信頼できる。
・教職員向け研修会などにも使用できる。
・救命サポーターアプリと連携して教えることもできる。

STEP 1 「救え！ボジョレー」「心止村湯けむり事件簿」を流す

授業の導入で YouTube にある上記の動画を流します。Canva にリンクを貼り付けておくと CM がカットされるのでおすすめです。適宜，動画を止め，説明しながら授業を進めていきます。

STEP 2 救命サポーターアプリを見せる

救命サポーターアプリの中身を紹介します。「AED N@VI」の説明から学校や地域の AED の位置を確認したり，「ゲーム」でいろいろなキャラクターをコレクションしたりできることを教えます。スマホに入れ，活用するといいことを伝えます。おたよりでも触れ，ご家庭でも話す機会をつくります。

小5
けがの防止①

STEP1 「救え！ボジョレー」「心止村湯けむり事件簿」を流す

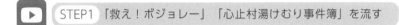

STEP2 救命サポーターアプリを見せる

心肺蘇生法の
実技もやろう

保健教育

カメラ　Google 図形描画　Canva

小5　けがの防止②

 Good ポイント

- ・複数の ICT を活用することができる。
- ・ICT のコラボレーションを学ぶことができる。
- ・子供の実体験からけがが起きやすい場所を考えることができる。
- ・ポスターを1人1枚つくることで多くのヒヤリハットを学べる。
- ・けがの予防に繋がる。
- ・危険な場所は管理職や用務員に報告しすぐに対処できる。

STEP 1 カメラで写真を撮る

けがが多い場所の写真を撮ります。複数枚でも構いません。

STEP 2 Chrome 描画キャンバスで画像に絵を描く

図形描画を検索し，開きます。「挿入」から画像を選び，画像の上に絵を描き保存します。

STEP 3 加工した画像を Canva のテンプレートに入れる

検索窓に「安全」と入れ，気に入ったテンプレートを選び，そこに加工した画像を入れます。データを保存し，活用します。

小5
けがの防止②

STEP1　カメラで写真を撮る

STEP2　Chrome描画キャンバスで画像に絵を描く

STEP3　加工した画像をCanvaのテンプレートに入れる

Chrome
描画キャンバス

保健教育

カメラ　Google スライド

小6　病気の予防「歯の赤染め」

 Good ポイント

・歯の汚れが視覚化できる。
・歯の汚れの写真を撮ることで後からゆっくり確認できる。
・歯の汚れの写真を見ながら記録ができる。
・（個人情報に注意した上で）共同参照することで，歯の汚れの共通点
　を考えることができる。
・歯みがき後の写真と比較することができる。

STEP1 歯の赤染めをする

歯垢染色液を綿棒などで歯に付けます。口に水を含ませて軽くゆすぎます。

STEP2 赤染めした歯をカメラで撮る

歯の汚れがわかるようにタブレットのインカメラで写真を撮ります。

STEP3 Google スライドでまとめる

「2列（タイトルあり）」のスライドを選択します（やり方はp.90参照）。左側
に画像を貼り，右側にまとめを書きます。歯の汚れを塗ったり，歯みがき後
の画像と比較したりするのもおすすめです。

カラー版は QR コードから

小6
病気の予防「歯の赤染め」

 STEP1 歯の赤染めをする

 STEP2 赤染めした歯をカメラで撮る

STEP3 Google スライドでまとめる

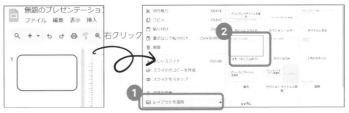

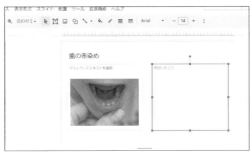

保健教育

カラー版は QR コードから

column

災害時に私たちが ICT でできること

　災害時に，養護教諭はいろいろなことを頼まれることがあると聞きます。手元に ICT 機器が残っているかはわかりませんが，電気の復旧は比較的早いこと，１人で多くの人や物の管理をする可能性があることから下記のような準備をしておくといいと思います。例えば，災害トリアージ用のフォームの作成（被災地では養護教諭が災害トリアージを求められたことがあるそうです），食べ物やアルコール（水の供給が遅れる可能性があり，感染症対策にも重要です）などの在庫管理用のフォームの作成，連絡アプリの導入（安否確認ができます）です。大切なことは日頃から ICT を使っていることです。

Chapter 4

保健委員会・校務分掌 × ICT

保健委員会 その他の分掌

グループ作成

Good ポイント

- クラスがバラバラな保健委員への連絡を取る際に役立つ。
- 保健委員会で行った Google フォームでのアンケートや Google スライドでの意見出しなどを共有しやすい。
- デジタルのポスターをつくった際に提出などが簡単にできる。

STEP 1 保健委員会の Google Classroom をつくる

Classroom を開き，右上の「＋」から「クラスを作成」を選び，「保健委員会」とクラス名を付けます。子供側は「＋」から「クラスに参加」を選び，クラスコードを入れてグループに入ります。

STEP 2 Google Classroom で共有する

フォームでのアンケートや意見出し用のスライドを共有することが多いです（やり方は p.12 参照）。Canva やスライドなどを活用してポスターなどをつくらせる時は，テンプレートを複製します。Canva の場合は，「ページを追加」をクリックして複製します。「コラボレーションリンク」を「リンクを知っている全員」「編集可」の状態にします。スライドの場合は，左に表示されているスライドを右クリックし，「スライドのコピーを作成」をクリックして複製します。「一般的なアクセス」を「リンクを知っている全員」，役割を「編集者」にします。Classroom でリンクを共有し，誰が何枚目のテンプレートを編集するかを伝えます。

グループ作成

委員会のICTは
Classroomをつくるところ
から始めましょう!

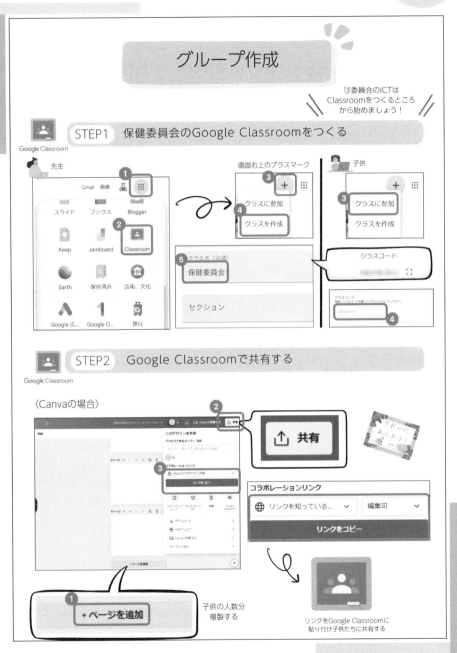

STEP1　保健委員会のGoogle Classroomをつくる

Google Classroom

先生

画面右上のプラスマーク

子供

STEP2　Google Classroomで共有する

Google Classroom

〈Canvaの場合〉

保健委員会・校務分掌

Google スライド　カメラ

保健委員会　その他の分掌

委員会始め・年間活動計画

 Good ポイント

・最初の委員会での活動に生かしやすい。
・印刷してポスターとして掲示したり，デジタルサイネージとして流したりすることができ，汎用性が高い。
・保健委員会の意気込みややりたいことを集約することができる。

STEP 1 Google スライドで背景となる画像をつくる

学年，チーム名，写真，目標，やってみたい企画を記入する枠をつくります。枠は「図形」から「長方形」を選んでつくります。作成したスライドを保存します（やり方は p.74参照）。

STEP 2 別の Google スライドに画像を挿入する

STEP1で作成した画像を背景としてスライドに挿入します。（やり方は p.68参照）。スライドをチームの数だけコピーして準備します（やり方は p.102参照）。

STEP 3 Google Classroom で共有する

Classroom でスライドを共有します（やり方は p.12参照）。どのチームが何枚目のスライドを編集するか指示を出します。チームごとに共同編集で作成します。内容をまとめ，年間活動計画を検討します。

委員会始めと年間活動計画

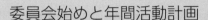

STEP1 Google スライドで背景となる画像をつくる

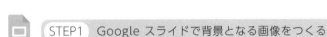

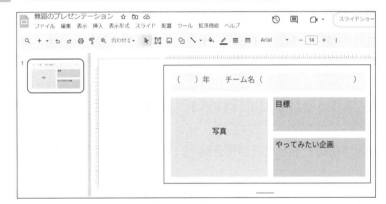

つくったスライド部分をキャプチャ
Chrome OS：「Ctrl」+「↑」+「□‖」
mac OS：「shift」+「command」+「3」
Window OS：「Windows」+「Shift」+「S」

STEP2 別の Google スライドに 画像を挿入する

Google Classroom

STEP3 Google Classroomで共有する

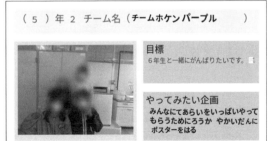

(5) 年 2 チーム名（**チームホケン パープル**　　）

目標
6年生と一緒にがんばりたいです。

やってみたい企画
みんなにてあらいをいっぱいやって
もらうためにろうか やかいだんに
ポスターをはる

保健委員会・校務分掌

（保健委員会）　その他の分掌

ポスター作成

 Good ポイント

・デジタルのポスターが簡単にすぐにでき，ペーパーレスにもなる。
・絵や字をかくことが苦手な子供でもおしゃれなポスターをつくれる。
・時間がかかる子はまずは1枚つくることを目指し，得意な子は複数枚つくることを目指す対応ができる。
・印刷してポスターとして貼る，デジタルサイネージとして流す，保健だよりに載せるなど汎用性が高い。

STEP 1 Google Classroom で Canva のリンクを共有する

「検索窓」に「メッセージカード」と入力し「空のデザインを作成」をクリックします。ページを人数分複製します。右上の「共有」から「コラボレーションリンク」を「リンクを知っている全員」「編集可」の状態にして「リンクをコピー」をクリックします。そのリンクを Classroom で共有します。誰がどのページを編集するか指示を出します。

STEP 2 Canva でポスターをつくる

好きな「テンプレート」を選ばせます。文字や素材（イラストなど）を変えます。すでにデザイナーがつくったテンプレートであるため，大きな変更はせず，文字やイラストを入れ替えるイメージで作成するとよいことを伝えます。

カラー版は QR コードから

ポスター作成

小学生にはメッセージカードで
作るのがおすすめ

STEP1　Google ClassroomでCanvaのリンクを共有する

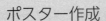

STEP2　Canvaでポスターをつくる

イラストを入れたい時は
すでにイラストがあるところに
入れるとおしゃれ

保健委員会・校務分掌

 Google スライド

在庫管理などの常時活動

 ポイント

- 保健委員会全体で共同参照，共同編集できる。
- 空いた時間で行えるため保健委員の子供たちの休み時間が確保される。
- 保健委員の子供たちが日頃からハンドソープやトイレットペーパーの在庫状況を気にするようになる。
- 養護教諭は校内の状況を可視化できる。

STEP 1 Google スライドで校舎図をつくる

　図形を挿入して校舎図をつくります。ハンドソープやトイレットペーパーの数を入力する図形が入るスペースを確保しておきます。スライドを画像として保存します（やり方は p.74参照）。

STEP 2 別の Google スライドに画像を挿入する

　STEP1で作成した画像を背景としてスライドに挿入します（やり方は p.68参照）。「挿入」から好きな図形を選んで挿入し，手洗い場やトイレの場所を入力します。

STEP 3 Google Classroom で共有する

　スライドを共有します（やり方は p.12参照）。補充が必要なところの色を変えます。

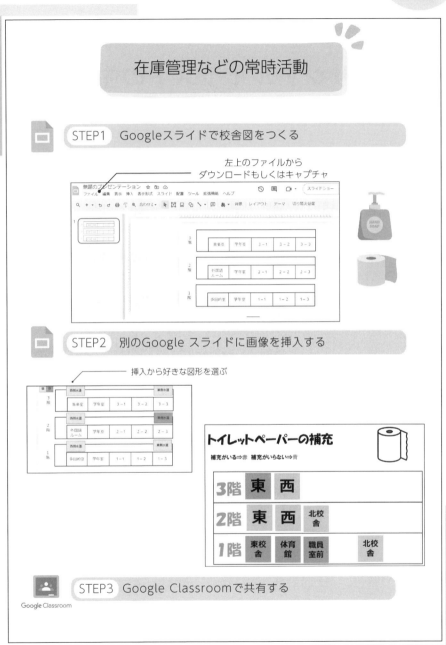

カラー版は QR コードから

保健委員会・校務分掌

Canva

保健委員会　その他の分掌

オリジナルイラストの生成

 Good ポイント

- 子供たちが生成 AI に触れる機会になる。
- 養護教諭自身が生成 AI のできることや子供たちへのリスクを学ぶ機会になる。
- 不思議な体験に感じられるため子供たちが喜ぶ。
- 子供たちが指示の出し方（プロンプト）の大切さを学べる。

STEP 1 Canva で「Magic Media」を開く

　「プレゼンテーション」を選択します。左の「アプリ」から「Magic Media」を選択します。

STEP 2 プロンプトを入れる

　「クラスごとに 5 つのプロンプト（描いてほしいイラストについての指示）を考えよう」など話し合いの時間をつくります。考えたプロンプトを入れ，生成 AI でオリジナルイラストをつくります。完成したイラストからポスターなどに使うものをみんなで 1 つ選択します。

　授業で使うことも可能で，その場合は，クラス全体でどんなプロンプトを入れたらいいか意見を出し合います。

オリジナルイラストの生成

STEP1 Canvaで「Magic Media」を開く

STEP2 プロンプトを入れる

保健委員会・校務分掌

カメラ　iMovie　YouTube

保健委員会　　その他の分掌

発表活動

Good ポイント

- ・発表の練習に時間が取られない。
- ・当日の失敗がなくなる。
- ・発表時間の調整などがいらない。
- ・動画は発表以外でもいろいろな場面で使える。
- ・YouTuber になれたようだと子供たちが喜ぶ。

STEP 1 iPad で動画を撮る

カットごとに動画を撮ります。保健委員会の時間中に終わらないカットは休み時間などに撮ります。カットごとに撮るので短時間で済みます。

STEP 2 iMovie で編集する

「ムービー」を選択し，編集したい動画を選び，「ムービーを作成」を選択します。音楽は，「+」→「オーディオ」の順に選択します。「完了」→「共有（マーク）」→「ビデオを保存」の順に選択し保存します。

STEP 3 YouTube の限定公開で共有する

YouTube を開き，下の「+」→「動画をアップロード」の順に選択します。動画を選択し公開設定を「限定公開」にしリンクを共有します。

カラー版は QR コードから

発表活動

STEP1 iPadで動画を撮る

STEP2 iMovieで編集する

プロジェクト

ムービーを選ぶ

ビデオを選ぶ

動画を編集する

ビデオを保存

STEP3 YouTube の限定公開で共有する

作成

キャンセル

公開設定

Google Classroom

リンクをClassroomなどで共有します

保健委員会・校務分掌

Chapter 4　保健委員会・校務分掌 × ICT　113

<u>Canva</u>　<u>Google スライド</u>

保健委員会　その他の分掌

1年間のまとめ

 Good ポイント

- 年度末にまとめをする時に最適である。
- 一人ひとりが振り返り，それを共同参照できる。
- SNS 風にまとめることで，SNS でのリテラシーを教えるチャンスにもなる。
- デジタルサイネージとして流すこともできる。

STEP1 Canva で背景となる画像をつくる

　検索窓に指導したい SNS の名前を入力します。テンプレートを選び背景をつくります。つくった画像を保存します。

STEP2 Google スライドに画像を挿入する

　STEP1で作成した画像を背景としてスライドに挿入します（やり方は p.68参照）。まとめを入力できる記入欄をテキストボックスで用意しておきます。人数分のスライドを複製します（やり方は p.102参照）。

STEP3 Google Classroom で共有する

　スライドを共有します（やり方は p.12参照）。誰が何枚目のスライドを編集するかを伝えます。文字数制限がある SNS であればその条件を守るように伝えます。完成したら発表に使用したりデジタルサイネージとして流したりします。

1年間のまとめ

STEP1 Canvaで背景となる画像をつくる

STEP2 Google スライドに画像を挿入する

テキストボックス
を入れる

STEP3 Google Classroomで共有する

Canva （YouTube）

保健委員会　**その他の分掌**

エピペン研修会

Good ポイント

・エピペン研修会のプレゼンテーション資料が簡単につくれる。
・食物アレルギーに関するイラストや画像が豊富に使える。
・アニメーションが入っていてかわいい。
・YouTube の動画を入れると CM がカットされ使いやすい。
・Canva についての紹介や関係づくりの機会にもなる。

STEP 1 Canva で資料をつくる

　「プレゼンテーション」から好きなテンプレートを選び資料をつくります。YouTube の動画を使う場合はリンクを貼ります。左の「素材」の検索窓に，「アレルギー」「エピペン」などと入れるとテーマに合ったイラストなどが出てきます。根拠となる書類などの画像も，アップロードして入れます（やり方は p.56 参照）。

STEP 2 Canva で発表する

　右上の「プレゼンテーション」を選び発表します。任意の数字を入力するとタイマーが出ます。右下の「もっと見る（「…」のマーク）」から「リモート操作で共有する」を選び，QR コードをスマートフォンで読み込むとスマートフォンをリモコンとして使うことができます。

エピペン研修会

STEP1　Canvaで資料をつくる

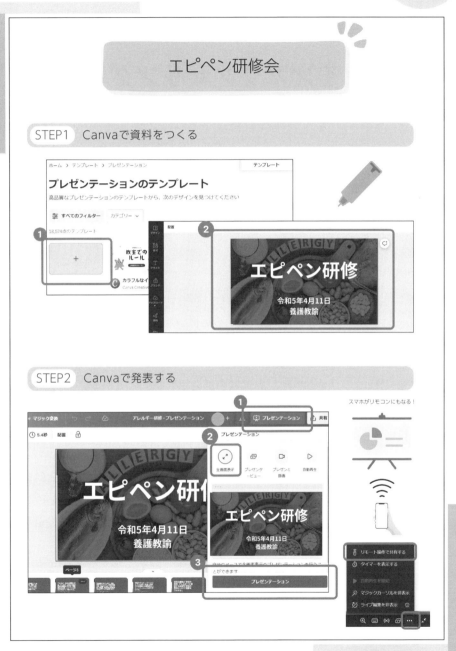

STEP2　Canvaで発表する

スマホがリモコンにもなる！

保健委員会・校務分掌

保健委員会　**その他の分掌**

オンラインカウンセリングの設定

Good ポイント

- 子供や保護者がどこからでもカウンセリングを受けられる。
- 保護者の方（父親を含む）が参加しやすい。
- 不登校の子供にカウンセリングの機会を用意でき，不登校支援にも繋がる。

STEP 1 Google Classroom をつくる

　スクールカウンセラーのカウンセリングを受けるための Classroom をつくります。保護者に連絡し，右上の「＋」から「クラスに参加」を選びクラスコードを入れて Classroom に入る流れを伝えます。

STEP 2 オンラインカウンセリングを行ってもらう

　スクールカウンセラーはタブレットをもって相談室に移動します。Classroom を開き，左側に表示されている Meet の「参加」ボタンを押し，オンラインカウンセリングを開始します。マイクとカメラはオンに設定します。

　インターネットやチャット機能も使えるので，話の中で必要な情報はそこから提供することができます。

カラー版は QR コードから

オンラインカウンセリングの設定

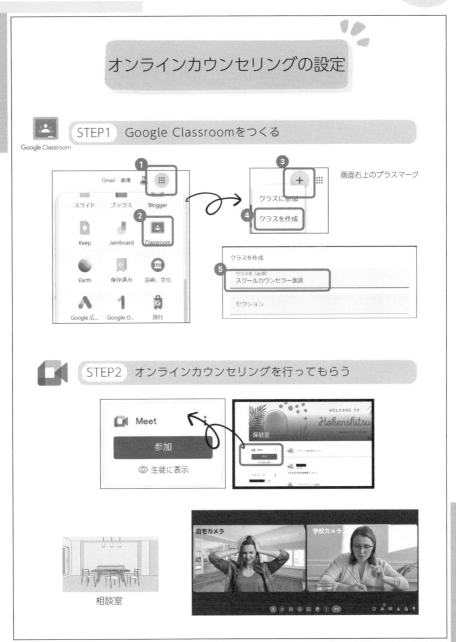

STEP1 Google Classroomをつくる

Google Classroom

① Gmail 画像

② スライド ブックス Blogger
Keep Jamboard Classroom
Earth 保存済み 芸術、文化
Google 広... Google O... 旅行

③ + 画面右上のプラスマーク
クラスに参加
④ クラスを作成

クラスを作成
クラス名（必須）
⑤ スクールカウンセラー面談
セクション

STEP2 オンラインカウンセリングを行ってもらう

Meet
参加
👁 生徒に表示

保健室
WELCOME TO
Hokenshitsu

相談室

自宅カメラ 学校カメラ

保健委員会・校務分掌

Google Classroom　Google スライド　カメラ

保健委員会　（その他の分掌）

支援員等の配置の共有

Good ポイント

- 支援員等がどこにいるかを全教職員で可視化できる。
- 保健室を一定時間空けないといけない時，教室で嘔吐の対応を手伝ってほしい時，行き渋りの子供の対応を手伝ってほしい時，その他急な対応が必要な時など，支援員をスムーズに呼びに行くことができる。
- Google スライドを通じてチャットのようにやりとりができる。

STEP 1 校内図をカメラで撮る

校内図をカメラで撮ります。写真が暗い場合は明るさを調整します。

STEP 2 Google スライドに画像を挿入する

STEP1で撮影した画像を背景としてスライドに挿入します（やり方は p.68参照）。「図形」→「図形」→「長方形」の順に選択し，図形の中には支援員の名前を入れます。

STEP 3 Google Classroom で共有する

スライドを共有します（やり方は p.12参照）。前の日に支援員の配置を反映しておきます。1日の中で支援員に動きがある場合は，図形を動かします。

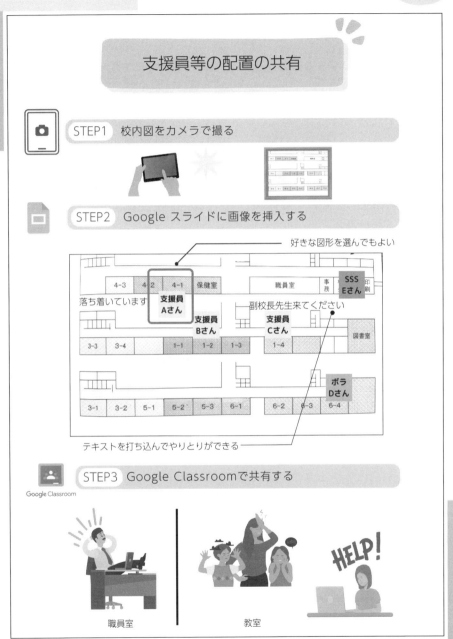

支援員等の配置の共有

STEP1 校内図をカメラで撮る

STEP2 Google スライドに画像を挿入する

好きな図形を選んでもよい

| 4-3 | 4-2 | 4-1 | 保健室 | | 職員室 | 事務 | SSS Eさん | 印刷 |

落ち着いています

支援員 Aさん

副校長先生来てください

支援員 Bさん

支援員 Cさん

| 3-3 | 3-4 | 1-1 | 1-2 | 1-3 | 1-4 | 図書室 |

ボラ Dさん

| 3-1 | 3-2 | 5-1 | 5-2 | 5-3 | 6-1 | 6-2 | 6-3 | 6-4 |

テキストを打ち込んでやりとりができる

STEP3 Google Classroomで共有する

Google Classroom

職員室

教室

HELP!

Canva

保健委員会　**その他の分掌**

プレゼンテーションの自動作成

Good ポイント

・会議で取った記録をもとに一瞬でスライドを作成できる。
・会議の最後にまとめを共有したり，その内容を発表したりする場合は
　たたき台になる。
・スライドのデザインは複数の候補から選べる。

STEP 1 Canva の Doc で記録を取る

　「＋」から「見出し」「小見出し」「本文」を使い分けながら記録を取ります。箇条書きや画像もスライドに反映されますので入れても問題ありません。

STEP 2 プレゼンテーションに変換する

　右上の「変換」を選択し「開始」をクリックします。「デザインを選択」の中から，気に入ったデザインを選び，右上の「プレゼンテーションを作成」を選択します。

STEP 3 PowerPoint として保存する

　右上の「共有」から「もっと見る」を選択し，下にスクロールすると PowerPoint のアイコンがあるため選択しダウンロードします。データがパソコンに保存され，PowerPoint として使えます。

プレゼンテーションの自動作成

STEP1　CanvaのDocで記録を取る

STEP2　プレゼンテーションに変換する

STEP3　PowerPointとして保存する

Google フォーム　Google スプレッドシート

保健委員会　その他の分掌

研究会などでの受付業務

Good ポイント

- マンパワーが足りない時，受付に人を置かなくて済む。
- 主催者は名簿で名前を探す，チェックをする作業がなくなり，席でゆっくり受付作業ができる。
- 事前にアンケートや資料配布ができる。
- Google スプレッドシートに受付状況が集約される。

STEP 1 Google フォームをつくる

　名前・所属・校種などを入力できるフォームを作成します。受付用のため，あまり項目は増やさず，シンプルにするのがおすすめです。

STEP 2 Google フォームにアクセスできる QR コードをつくる

　フォームにアクセスできる QR コードをつくります。Canva や OR コードを作成できるサイトなどを利用するとよいでしょう。QR コードを印刷し受付に置きます。

STEP 3 Google スプレッドシートで受付状況を確認する

　フォームの「回答」から「スプレッドシートで表示」を選択し，受付状況を確認します。

カラー版は QR コードから

研究会などでの受付業務

 STEP1 Google フォームをつくる

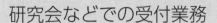

STEP2 Google フォームにアクセスできるQRコードをつくる

Canvaでも
QRコードが
作成できる

STEP3 Google スプレッドシートで受付状況を確認する

保健委員会・校務分掌

ChatGPT

保健目標のたたき台作成・
教育計画の添削

Good ポイント

・保健目標など数が必要なもののたたき台作成として使用できる。
・保健教育，保健指導の案を考えてくれる。
・教育計画などの文章の添削をしてくれる。
・養護教諭自身が ChatGPT を知るきっかけになる。

STEP 1 添削やたたき台の作成に ChatGPT を活用する

　教育計画などすでにある文章をコピーして，ChatGPT の一番下の窓に入れます。貼り付けた文章の下に「上の文章を添削して」と指示を入れて送ることで添削できます。また，「保健目標を12個教えて」など数が必要なもののたたき台をすぐに出させることもできます。

STEP 2 コピー＆ペーストして活用する

　ChatGPT が出力したものを確認します。問題なければ，コピーし，作成中の文書などに貼り付けます。

　子供たちと生成 AI を活用する時は子供たちにプロンプト（指示）を考えさせ，私が入力するようにして安全性を確保しています。自分で入力しなくても子供たちは生成 AI の便利さをすぐに理解してくれます。その一方で，ハルシネーション（誤情報）の問題も子供たちに伝えます。便利さを理解した上で，AI の情報を鵜呑みにせず，ソースを確認する姿勢を養うことが大切です。

保健目標のたたき台作成
教育計画の添削

STEP1　添削やたたき台の作成にChatGPTを活用する

STEP2　コピー＆ペーストして活用する

カラー版は QR コードから

ホケモン GO

　子供たちにホケンシツモンスター（通称ホケモン）を考えてもらいます。iPad の Procreate で描いてもらい，印刷してラミネートしたものを手洗い場に掲示します。保健室前の掲示板には，大きくした校内図に黒塗りされたホケモンを掲示します。子供たちにはそのホケモンのいるところで手洗いしたらゲットしたことになり用紙にシールを貼っていいことを伝えます。黒塗りされたホケモンはみるみるシールでいっぱいになり，連日，新種のホケモン案をもってくる子供たちで溢れかえります。手洗いや健康教育のきっかけにもなります。

Chapter 5

季節・学校行事

×

ICT

Canva

WBGT の周知

 Good ポイント

- 子供たちへの熱中症予防としてすぐに取り組むことができる。
- デジタルサイネージの使い始めに最適である。
- 養護教諭自身の日課，意識づけになる。
- 文部科学省や自治体からの通知文の内容をすぐに反映させることができる。
- アニメーションや音楽を付ければさらに注目を集められる。
- 保健委員会の仕事にも活用できる。

STEP 1 Canva でデータをつくる

　「プレゼンテーション」を選択します。下にある「ページを追加（「＋」のマーク）」をクリックし白のスライドを5枚用意します。そのスライドの色を，それぞれ赤色・オレンジ色・黄色・緑色・水色にします。そこに WBGT の情報などを入れます。アニメーション（Canva では「アニメート」と表記，中央上）や素材から音楽を付ければさらに注目を集めることができます。

　スライドでも代用できますが画像や音楽を入れることを考えると Canva が最適です。

STEP 2 デジタルサイネージとして流す

　作成したデータを「プレゼンテーション」→「自動再生」→「プレゼンテーション」の順に選択し，TV から流します。

WBGTの周知

STEP1 Canvaでデータをつくる

STEP2 デジタルサイネージとして流す

ぱっと
目を引く！

季節・学校行事

Canva　Google スライド

体育着・服のレンタル状況の把握

 Good ポイント

・体育着や服のレンタル状況を教室から確認することができる。
・借りられないことがわかれば，子供は保健室に取りに行く必要がなくなる。
・担任はすぐに次の対応を考えることができる。
・可視化することで，養護教諭も在庫や誰に貸したかをすぐに確認することができる。

STEP 1 Canva で背景となる画像をつくる

Canva で子供が見てもわかるような貸し出し用体育着の一覧表ををつくり，画像として保存します。

STEP 2 Google スライドでレンタル表をつくる

STEP1で作成した画像を背景としてスライドに挿入します。（やり方は p.68参照）。画像の上に「レンタル中」と書いた図形を用意しておきます。

STEP 3 Google Classroom で教員と共有する

スライドを Classroom で教員と共有します（やり方は p.12参照）。教員はいつでも保健室にある体育着や服のレンタル状況を確認できます。運動会や体育祭の時期等，貸し借りが頻繁になる時は，養護教諭にとっても余計な対応を減らすことができます。

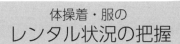

体操着・服の
レンタル状況の把握

STEP1　Canvaで背景となる画像をつくる

STEP2　Google スライドでレンタル表をつくる

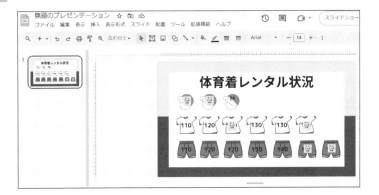

STEP3　Google Classroomで教員と共有する

Google Classroom

紅白帽子
忘れました

貸し出しコーナー

Google Meet （Google Classroom）

シャトルランの不調者チェック

🌸 *Good* ポイント

・保健室にいながら体育館でのシャトルランの状況を把握できる。
・様子が気になった時にはマイクをオンにすれば，養護教諭の考えをすぐに伝えることができる。
・不調者がいた場合，音声でのやりとりができ，瞬時に状態を把握できる。
・軽症や来室できるレベルでの対応のために呼び出される回数を減らすことができる。
・シャトルランで何もない時は保健室で事務作業ができる。

STEP 1 Google Meet を繋ぐ

Meet のリンクを共有して繋ぎます。Classroom から Meet を繋いでもよいでしょう。

STEP 2 タブレットを設置する

タブレットを体育館全体が見渡せる位置（体育館の舞台の上，斜めの位置がおすすめ）に設置します。体育館側のタブレットのカメラはオンにし，保健室側のカメラはオフにします。マイクはどちらもオフにし，必要な時はオンにして話します。

シャトルランの不調者チェック

 STEP1 Google Meetを繋ぐ

 STEP2 タブレットを設置する

> 安全にできてるね
> 保健室業務をしよう

保健室

体育館

Google フォーム　Google スプレッドシート

宿泊行事での看護師との記録の共有

 Good ポイント

- 宿泊中の傷病人の様子が把握できる。
- 看護師の記録を参考に現地とやりとりすることができる。
- 傷病人の発生状況等は Google スプレッドシートに集約されるため，事後の記録作成等の業務削減に繋がる。
- 看護師は自分のスマートフォンから記録を入力ができる。
- ペーパーレスになり，個人情報の紛失リスクが低くなる。

STEP 1 Google フォームをつくる

　「学年」「クラス」「名前」「どうした」「けがの場所」「どこで」「いつ」「なぜ」「養護教諭に伝えたいこと」などを入力できるフォームを作成します。フォームの設定から「回答を1回に制限する」をオフにし，繰り返し入力できるようにしておきます。

STEP 2 Google フォームを看護師に共有する

　フォームのリンクを看護師と共有します。看護師は自分のスマートフォンからフォームにアクセスし入力します。フォームをスプレッドシートで表示させておき，養護教諭はそれを見て傷病人の状況を把握します。

カラー版は QR コードから

宿泊行事での
看護師との記録の共有

 STEP1　Google フォームをつくる

STEP2　Googleフォームを看護師に共有する

養護教諭はスプレッドシートから状況を確認

Google スライド　カメラ

就学時健診混雑表示ボード

 Good ポイント

・就学時健診の状況を全体で共有できる。
・混雑状況がわかる。
・今何番目の人が来ているかがわかる。
・チャットのように使うことで無線のような役割にもなる。
・マンパワーが少なくても臨機応変な対応ができる。
・全教職員で行う ICT（共同編集）を活用した OJT の機会となる。

STEP1 校内図をカメラで撮る

　校内図をカメラで撮ります。写真が暗い場合は明るさを調整します。

STEP2 Google スライドで健診混雑表示ボードを作成する

　STEP1で撮影した画像を背景としてスライドに挿入します（やり方は p.68参照）。「図形」→「図形」→「メモ」の順に選択し，図形をメモとして使用します。図形の中に検診・検査名を入力します。

STEP3 Google Classroom で教職員と共有する

　スライドを Classroom で教職員と共有します（やり方は p.12参照）。図形の色は混雑状況によって変更してもらうよう伝えておきます。

カラー版は QR コードから

就学時健診混雑表示ボード

STEP1 校内図をカメラで撮る

STEP2 Google スライドで健診混雑表示ボードを作成する

図形→図形→メモ→コピーで量産

画像を入れる

クリックして
色を変える

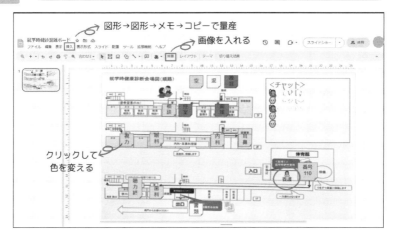

STEP3 Google Classroomで教職員と共有する

Google Classroom

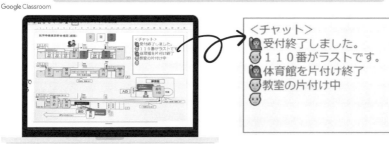

各教室から混雑状況を共有

Canva

教育実習生の記録

Good ポイント

- 実習記録をクラウド上で管理することで記録を共同編集することができる。
- 実習生は場所やデバイスを選ばずに記録することができる。
- 指導者にとってもいつでも実習記録を確認できるため，負担が減る。
- 写真やインターネット上の資料を記録に入れることが簡単にできる。
- 印刷してファイルに綴じれば清書をせずに実習記録が完成する。
- 学生にとっては Canva の活用の OJT になる。

STEP 1 Canva で実習記録のテンプレートをつくる

「文書（A4縦）」で実習記録のテンプレートをつくります。Word などの実習記録のデータが手元ににある場合は Canva にアップロードし，「プロジェクト」に保存されたファイルをクリックし，「置き換え」を選択することで，一瞬でテンプレートを反映することができます。

STEP 2 実習記録を共有する

右上の「共有」から「コラボレーションリンク」を「リンクを知っている全員」「編集可」の状態にして「リンクをコピー」します。学生にそのリンクを伝えます。事前に大学側に確認し，大学の教育実習の担当者のメールアドレスか，学校で用意されている学生のメールアドレスに送るのがおすすめです。

教育実習生の記録

STEP1　Canvaで実習記録のテンプレートをつくる

STEP2　実習記録を共有する

クラウド活用で
時間を有効に使おう

教育実習生の記録を
Canvaで作成し共有

【学生】
実習の帰りの電車で
スマホで記録を作成

【指導教諭】
次の日の朝の通勤電車
でスマホで所見を作成

季節・学校行事

卒業生への身長体重カード

 ### *Good* ポイント

- 一括作成で簡単にすぐ作成できる。
- 豊富なデザインやフォントでかわいく作成できる。
- 思い出の画像も簡単に入れることができる。
- Excel の名簿が使える。

STEP 1 Excel で名簿をつくる

　Excel（もしくはスプレッドシート）で，氏名，身長，体重の名簿を作成します。名簿は「CSV」で保存します。

STEP 2 Canva でデザインをつくる

　テンプレートから好みのデザインを選び，氏名，身長，体重を入れる欄をつくります。

STEP 3 Excel を Canva に紐づける

　Canva の「アプリ」から「一括作成」を選択し，「CSV をアップロード」から STEP1で保存した「CSV」データを追加します。STEP2で作成した氏名・身長・体重を入れる欄をそれぞれ右クリックし，「データの接続」から割り当てる情報を選びます。その後，左下の「続行」をクリックし，「○点のデザインを生成」を選択します。STEP2で作成した欄に自動で氏名・身長・体重が組み込まれます。

卒業生への身長体重カード

STEP1　Excelで名簿をつくる

// CSVで保存 \\

STEP2　Canvaでデザインをつくる

STEP3　ExcelをCanvaに紐づける

「卒業おめでとうカード」
Canvaで"簡単"一括作成！

エクセル等で名前の
一覧を作りCSVで保存

季節・学校行事

カラー版は QR コードから

column

手洗い FES

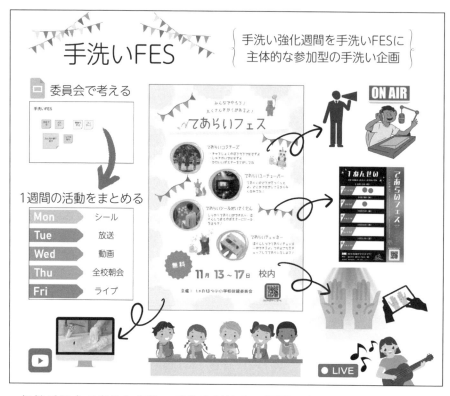

　保健委員会で考えた複数の感染症対策を１週間の中ですべて実施します。名称を「手洗い FES」とすることで子供も大人も楽しみながら感染症対策に取り組めます。まず，保健委員会の活動時に Google スライド等を使って感染症対策について意見を出し合います。全校集会での発表，シール貼り用の用紙作成，ポスター作成，動画作成等は，ICT を活用すると簡単にできます。シール貼り用の用紙やポスターは Canva で，動画は iPad の iMovie でつくると簡単です。動画は YouTube の限定公開でアップロードしてデジタルサイネージとして流したりクラスでの手洗いの練習に活用したりします。

保健室で過ごす
子供との
関係づくり
裏ワザ集

デジタル健康すごろく

　保健室登校の子供と ICT ですごろくをするのはいかがでしょうか。Canva ですごろくをつくり，スライドの背景に入れます。スライドのリンクを Classroom で共有して，２台のタブレットですごろくをします。コマは好きな図形を選びます。図形の中に人の絵文字（養護教諭は看護師と入れるとよいかもしれません）を入れて背景を透明にすると，人が動いているみたいになるのでおすすめです。すごろくには，子供に聞きたい質問を入れて，楽しみながら，子供の健康状態や好きなことを把握します。保健室登校の子供にとっては ICT に触れる機会にもなります。

カラー版は QR コードから

デジタルスクラッチアート

Chrome 描画キャンバス

デジタルスクラッチアート

完成したら鑑賞タイム

　小学校１年生や低学年の子供などに ICT を活用する際には，デジタルスクラッチアートが楽しくできておすすめです。まず，Chrome 描画キャンバスでキャンバスを太字のクレヨンで好き放題に塗りつぶします。ポイントはたくさんの色で塗りつぶすことです。次に，右上の「レイヤー」を選び，「レイヤーを追加」します。黒のマジックで塗りつぶします。そして，消しゴムを選び，消しゴムで好きな絵を描きます。どんな子供でも，とてもきれいな絵が描けます。保健室でクールダウンしている低学年の子供にいかがでしょうか。手も机も汚れずにでき，印刷してあげれば頑張った証にもなります。

カラー版は QR コードから

appendix

桃太郎電鉄　教育版

桃太郎電鉄
教育版

ログインID
パスワード

【保健室特別ルール】

楽しかったこと

嫌だったこと

＊「桃太郎電鉄 教育版」は、株式会社コナミデジタルエンタテインメントより無償で提供されています。

　学校で TV ゲームができることほど，子供たちが興奮することはありません。「桃太郎電鉄 教育版」はログイン ID，パスワードがあればどこの学校でもできる TV ゲームです。保健室登校の子供も一度はやったことがあるはず。すごろくで全国の地図を覚えながらお金の勉強もできてしまいます。さらに保健室では仕掛けをもう一つつくりましょう。青マス（お金がプラス）に止まったら楽しかったこと，赤マス（お金がマイナス）に止まったら嫌だったことを話すようにします。すると，「桃太郎電鉄 教育版」で楽しみながら，その子供の様子や状態を自然に把握することができます。

色のシミュレータ

色のシミュレータ
アプリ

CHECK
チョークの色

CHECK
教科書の色

CHECK
ゼッケンの色

　色覚異常の子供にとってどのように見えているかを調べるアプリが「色の
シミュレータ」アプリです。このアプリで教室や教材，教科書などを写すと，
健常の子供の見え方と色覚異常の子供の見え方を比較することができます。
担任や保護者に説明する時には，実際に見え方を見せながら説明を行うと説
得力が増します。また，学校の中で特に気を付けてほしいのが体育で使うビ
ブスの色です。けがの未然防止の観点からも，色覚異常の子供が見分けのつ
きやすい色を提案することで，大きな事故を未然に防ぐことができます。色
覚異常の子供たちのために，担任と連携して対応していく必要があります。

POSTFACE

おわりに

　私たちが直面している社会問題は多岐にわたりますが，特に子供たちの心の問題は深刻です。不登校や自殺など，暗いニュースが絶えません。

　私は，養護教諭がICTを活用することで，これらの問題の解決に貢献できると信じています。これまで研修会や雑誌の記事を通じて，養護教諭たちにICTの利用を促してきました。

　本書では，「かわいい」を裏テーマとして意識して執筆いたしました。私は，ICTの活用を促進する上で「かわいい」という感覚が重要な役割を果たすと考えています。なぜなら，ICTの活用を促進する上で「かわいい」という感覚が養護教諭自身の関心を引き，技術の探求や学習に対するモチベーションを高め，結果的にその活用スキルの向上を果たすと考えるからです。

　日々の業務の忙しさの中で，ICTにまで手を付ける余裕がないと感じることがあるかもしれません。しかし，私たちが目指すのは，すべての子供たちが幸せになることです。

　そのための一歩を，ICTの活用という新たな視点から始めることが，この本の目的です。従来の方法では追いつけない現代の速い変化に対応するために，パラダイムシフトが必要です。ICTはその鍵となり得ますが，重要なのは技術の導入ではなく，その活用方法です。

　「かわいい」を通じてICTに触れることで，養護教諭たちは新しい世界への一歩を踏み出し，その技術を活用して子供たちの心に寄り添い，彼らの問

題解決の手助けをすることができます。

　本書では，具体的な ICT の活用例とそれを通じて子供たちの問題にどのようにアプローチできるかを解説し，実際に ICT を使って成果を上げた保健室や保健委員会での実践も紹介しています。

　社会問題はすぐに解決するものではありませんが，一歩ずつ進むことが重要です。

　この本を通じて，養護教諭の先生方が ICT の可能性を理解し，子供たちの幸せに貢献できることを心から願っています。

　最後に，この本の制作に携わってくださったすべての方々へ心からの感謝を述べさせていただきます。
　編集者，デザイナー，印刷工程に関わってくださったスタッフの皆様，そして本書の執筆にあたって貴重な意見やアドバイスを寄せてくださった専門家の皆様，皆様の献身的な努力があったからこそ，この本は完成しました。
　皆様の支えがあったからこそ，メッセージを広く伝えることができました。心から感謝しています。

　2024年 5 月

キジ

【著者紹介】

キジ

公立小学校養護教諭。保健室でのICT実践についてX（旧Twitter）やInstagramにて発信している。自治体の養護教諭研究会や大学での講師活動，執筆活動も行っている。養護教諭がICTを活用することで，保健室登校や不登校，特別な支援を必要とする子供たちの支援に繋がると考え，活動している。モットーは，「すべての養護教諭がICTを活用できるように」。好きな言葉は「かわいい」。

※Googleサイト，Google Meet，Googleスライド，Googleスプレッドシート，Google Chrome，YouTubeは，Google LLCの商標です。

図解でかんたん　養護教諭のための保健室ICT入門

2024年7月初版第1刷刊　Ⓒ著　者　キ　　　　　　　ジ
2024年11月初版第3刷刊　発行者　藤　原　光　政
　　　　　　　　　　　　発行所　明治図書出版株式会社
　　　　　　　　　　　　　　　　http://www.meijitosho.co.jp
　　　　　　　　　　　　　　　　（企画・校正）江﨑夏生
　　　　　　　　　　　　〒114-0023　東京都北区滝野川7-46-1
　　　　　　　　　　　　振替00160-5-151318　電話03(5907)6701
　　　　　　　　　　　　ご注文窓口　電話03(5907)6668
＊検印省略　　　　　　　組版所　中　央　美　版

Printed in Japan　　　　　　　ISBN978-4-18-255829-0
もれなくクーポンがもらえる！読者アンケートはこちらから